The Cambridge Modern French Series
Middle Group

General Editor: A. Wilson-Green, M.A.

LA TOURAINE

TOURS

CHENONCEAUX

HENRI GUERLIN

LA TOURAINE

Edited by

A. WILSON-GREEN, M.A.
Radley College

CAMBRIDGE
AT THE UNIVERSITY PRESS

1923

CAMBRIDGE
UNIVERSITY PRESS

University Printing House, Cambridge CB2 8BS, United Kingdom

Published in the United States of America by Cambridge University Press, New York

Cambridge University Press is part of the University of Cambridge.

It furthers the University's mission by disseminating knowledge in the pursuit of
education, learning and research at the highest international levels of excellence.

www.cambridge.org
Information on this title: www.cambridge.org/9781107635234

© Cambridge University Press 1923

This publication is in copyright. Subject to statutory exception
and to the provisions of relevant collective licensing agreements,
no reproduction of any part may take place without the written
permission of Cambridge University Press.

First published 1923
First paperback edition 2014

A catalogue record for this publication is available from the British Library

ISBN 978-1-107-63523-4 Paperback

Cambridge University Press has no responsibility for the persistence or accuracy of
URLs for external or third-party internet websites referred to in this publication,
and does not guarantee that any content on such websites is, or will remain, accurate
or appropriate.

GENERAL INTRODUCTION

THE aim of the Cambridge Modern French Series is to offer to teachers French texts, valuable for their subject-matter and attractive in style, and to offer them equipped with exercises such as teachers who follow the Direct Method have usually been obliged to compile for themselves. The texts are arranged in three groups,—Junior, Middle and Senior,—designed, respectively, for pupils of 13 to 15, of 15 to 17 and of 17 to 19 years of age. It is hoped to bring into schools some of the most notable modern books,—novels and stories, memoirs, books of travel, history and works of criticism; and further to give the pupil not only an opportunity of becoming acquainted with great books, but, at the same time, of reading them in such a way that he may gain in knowledge of French, in ability to write and speak the language, in sympathy with and interest in *'France, mère des arts, des armes, et des lois.'*

It is with this end in view that the exercises are written. They follow, in the main, the lines of my Exercises on Erckmann-Chatrian's *Waterloo*, published by the Cambridge University Press in 1909. Some of the most distinguished teachers of French have expressed to me their approval of these exercises; others have paid them the sincerest compliment in imitating them. Each exercise is based on a definite number of pages of the text and consists of: questions in French on (*a*) the subject-matter, (*b*) the words and idioms, (*c*) the grammar. In addition, in all the volumes of the Middle Group and in some of those of the other two Groups, English passages, based on the pages under review, are provided for translation into French. Where there is no translation, the number of questions is increased, and, in the Senior Group, opportunity is given for free composition. The intention is to catch in this fourfold net every important word and idiom; often, to catch them even more than once. The questions on the subject-matter are not of the kind that may be answered by selecting some particular scrap of the text. They involve some effort of intelligence, some manipulation of the text. The general questions on words and idioms aim at showing how the words of the text may be used in quite other connections, in bringing them home to 'the business and bosoms' of the pupils, in building up the vocabulary by association, comparison, and word-formation. Often something will be learnt from the form of the questions, and every question should be answered with a complete sentence so that the repetition may help memory. The questions on grammar will serve to test oral work done in class. Each volume contains a systematic series of questions on verbs and pronouns, with examples drawn, where possible, from the text, and besides, each exercise contains a question, or questions, on the grammar of the pages on which it is based. Lastly, vocabularies are provided for the convenience of those teachers who wish for translation into English, in addition to, or instead of, reading all in French. The editors of the different volumes have practical experience of the teaching of French. Our hope is that this new Series may make French teaching more intelligent and more real, and therefore more interesting and more effective; that it may help to give the pupil an interest in French ideas and ideals which he will not lose, and provide him in the classroom with an atmosphere not altogether alien to that of France itself, the other Fatherland, for

> chacun a deux pays,
> Le sien et puis la France.

A. WILSON-GREEN.

RADLEY COLLEGE,
  1 *January*, 1923.

This English edition of M. Guerlin's work on Touraine is published by arrangement with M. H. Laurens, Librairie Renouard, 6 rue de Tournon, Paris. The French edition is one of a series entitled *Les Provinces Françaises*, published under the direction of M. Henry Marcel.

PRÉFACE

COMME toute noble tâche, celle d'apprendre le français a ses moments d'ennui et de découragement; mais, pour charmer ces mauvais instants, rien n'est plus efficace que la connaissance du pays de France et de son peuple.

Notre but est donc d'étaler sous les yeux de l'étudiant une des plus jolies provinces de France: nous offrons ici la charmante étude de Monsieur Guerlin sur la Touraine, étude déjà chaleureusement accueillie en France. L'étudiant anglais ne manquera pas de goûter, en lisant les pages de Monsieur Guerlin, un peu du soleil, de la grâce et de la gaieté de la Touraine. Jusqu'ici peut-être ce même étudiant anglais s'est-il contenté de passer ses vacances dans son pays natal, beau pays en vérité. Mais un changement total de ciel n'est-il pas quelquefois souhaitable?

Ce volume le guidera, soit réellement, soit par la pensée, à travers le fameux "jardin de la France" et de la lecture agréable de ce livre il retirera deux résultats précieux: connaissance plus profonde de la langue française et amour plus éclairé des Français et de la France.

A. W.-G.

Janvier 1923.

TABLE

LA NATURE ET SES ASPECTS PITTORESQUES

I. LE CLIMAT

Si l'on veut comprendre la séduction exercée sur l'étranger par le climat de la Touraine, il faut s'y rendre vers la fin de l'hiver. Souvent, à cette époque de l'année, nous avons quitté Paris, nous dirigeant vers Nantes. Un brouillard opaque planait, au départ, sur la Seine, un de ces lourds brouillards qui sont la tristesse des pays du Nord. A Étampes, nous étions délivrés tout à coup de cette brume nauséabonde et noire. Nous entrions dans la Beauce. Un air vif et cru, encore hivernal, passait sur l'immensité des sillons succédant aux sillons, glissait sans obstacle sur cette mer aux vagues immobiles et parallèles, dont, à peine de loin en loin, une ferme meublée de deux ou trois arbres mélancoliques vient égayer la monotonie. Rien de souriant, de printanier. A partir de Blois, l'air s'apaisait, tiédissait. Le paysage devenait plus aimable, on voyait passer des coteaux et des vallées, et la nappe tranquille de la Loire mettait au centre de tout sa douce lumière bienfaisante. La brise nous apportait de bons parfums de violette humide. Nous nous sentions déjà dans une région nouvelle. Nous poursuivions notre route entre les coteaux de la Loire. Bientôt, nous éprouvions la joie d'apercevoir la blancheur rosée des fleurs d'amandiers, les premières de la saison.

Cette progression dans l'aménité du climat, dans l'aspect souriant des choses, nous l'avons remarquée maintes fois. Elle est constante. Moins précoce que l'Anjou, la Touraine produit l'effet d'un parterre délicieusement fleuri au voyageur qui, venant du Nord, a traversé les champs austères de la Beauce. Et c'est cette impression que le Parisien a formulée, quand il a décerné à la Touraine le titre de *Jardin de la France.* Il est juste d'ajouter qu'au delà de la Touraine, la nature reprend un visage sévère. D'un côté, c'est le Berry, où se retrouve un peu de l'aspect rustique et monotone de la Beauce; de l'autre côté, c'est le Poitou, pittoresque sans doute et accidenté, mais plus âpre, plus sérieux que la voluptueuse Touraine. Seul l'Anjou semble le prolongement de cette nature indolente et fleurie.

En vérité, le printemps de Touraine est court. A peine l'humidité dont l'hiver a pénétré le sol est-elle évaporée, que ce sourire fugitif des choses s'efface. Et ce sont les sécheresses de l'été. Les étés tourangeaux semblent cléments aux gens du Sud. Mais ils n'ont pour nous ni le charme du printemps, ni les magnificences de l'automne.

Celui-ci est la vraie saison de la Touraine. Et les châtelains le savent bien. C'est à la fin de septembre seulement que la plupart d'entre eux, désertant la mer ou la montagne, reviennent à leurs terres. Il faut voir l'animation qui règne dans la capitale tourangelle, les samedis d'octobre. Les équipages, les luxueux autos, apportent dans la rue Nationale, la principale voie de Tours, leur joyeux tumulte. Et la cité s'emplit pendant quelques heures d'élégance et de vie, comme Nice, Trouville, ou l'avenue du Bois.

La campagne elle-même est toute en joie. C'est la saison de la chasse et des vendanges. Les vendanges! le moment décisif de l'année pour le paysan tourangeau. Selon qu'elles sont bonnes ou mauvaises, c'est pour lui l'aisance, parfois très large, ou la misère. Ajoutons qu'il est difficile à satisfaire. Quand la grappe ne mûrit pas, c'est le marasme. Quand la récolte est abondante, la vente est plus difficile et les prix s'avilissent. Les années vraiment bonnes ne sont pas fréquentes. Et il faut qu'elles soient bien bonnes, pour que le paysan en convienne.

Mais que l'année soit bonne ou mauvaise, en temps de vendange, le vigneron fera ribotte, parce que c'est la coutume, et que toute occasion de s'ébaudir semble précieuse au Tourangeau.

Et il semble bien que la nature s'associe à son allégresse. Rarement l'automne, en Touraine, est maussade ou pluvieux. Les fleurs se multiplient dans les parterres: les roses, les géraniums, les soleils, les dahlias décorent même les humbles jardinets de leurs colorations resplendissantes. Les frondaisons elles-mêmes luttent avec les fleurs de rutilantes tonalités. La saison qui finit ressemble au soleil couchant. Elle s'enveloppe pour mourir de ses vêtements d'or et de pourpre.

Puis les étrangers se retirent; les châtelains s'en vont. C'est l'hiver. Les châteaux fermés, parmi les arbres dépouillés, les parcs aux allées désertes, deviennent des choses très mélancoliques. Et l'on ne peut se défendre de tristes réflexions en pensant que les magnificences de ces superbes demeures sont délaissées, en moyenne, pendant les deux tiers de l'année. Beaucoup de propriétaires y font des apparitions plus courtes encore. Ils en jouissent pendant trois ou quatre semaines, puis émigrent vers les pays où l'on s'amuse: la côte d'azur ou Paris. Leurs voisins du Blésois, de l'Anjou et du Poitou sont plus fidèles à leurs gentilhommières, pourtant en général plus modestes. Ils ne s'absentent pas en hiver, ce sont des enfants du pays. En Touraine, ce sont trop souvent des passants. Le gentilhomme campagnard y est un type des plus rares.

Et cependant la douceur, et surtout l'égalité de son climat font de cette province une résidence d'hiver idéale.

Voici les conclusions auxquelles est arrivé le Dr Giraudet dans ses *Recherches sur l'hygiène de la ville de Tours*.

"Sous le rapport de l'uniformité de température, dit-il, de son égale distribution, on a constaté, pendant plusieurs années d'observations, que la variante moyenne des jours en Touraine est moindre qu'à Montpellier, et que la différence entre cette moyenne et le climat de Nice est à peine de 1°5 centigrade pendant l'hiver, et de 2° au plus en été. Les différentes températures observées à Tours donnent une suite de termes dont les extrêmes dépassent rarement en juillet et août + 32° centigrades, en décembre et janvier − 10°. Ainsi la chaleur moyenne de nos étés est + 22°, le froid moyen des hivers est − 3°. Il y a donc pour notre climat un intervalle de 42° entre le maximum et le minimum de l'échelle thermométrique. Cependant cette différence n'est pas ordinaire, dans une année commune elle n'est guère que de 28° et se trouve bornée à l'intervalle compris entre le 3ᵉ degré au-dessous de zéro, et le 25ᵉ au-dessus, d'où il suit que la moyenne annuelle de la température est de 14° centigrades.''

Les grands vents y sont rares, aussi bien que les pluies per·sistantes. Parfois cependant arrivent de l'Ouest des rafales de mer qui remontent la vallée de la Loire, soulèvent en retroussis de véritables vagues que la tempête refoule. En sorte que le fleuve semble refluer vers sa source. Ces vents de "basse galerne,'' comme disent les gens du pays, durent en général trois jours. Ce sont des vents tièdes, qui n'ont pas, à beaucoup près, la violence glaciale du mistral, ni, en général, des grands vents des régions méridionales.

Ils apportent avec eux des bandes de mouettes, qui, la tem·pête calmée, s'attardent sur le sable doré des grèves. Sans doute ces jolies bêtes trouvent le pays agréable. Leurs vols blancs sont si nombreux, surtout vers le confluent de la Loire et du Cher, entre Cinq-Mars et Langeais, que cette dernière ville avait choisi comme emblème, à l'époque mérovingienne, une mouette, dont on reconnaît sur les monnaies les longues ailes et la queue fourchue.

Nul ne se plaint d'ailleurs de cette gracieuse invasion.

Puisque nous avons prononcé le mot d'invasion, c'est un fait digne d'être signalé, que celles qui, à rares intervalles, ont troublé la quiétude des Tourangeaux, les grandes terreurs sont venues presque toutes de l'Ouest, comme la tempête. C'est le chemin qu'ont suivi les Normands, les Angevins, qui finirent par arracher la Touraine aux comtes de Tours, les Anglais pen·dant la guerre de Cent Ans, les Vendéens dont l'approche terrorisa les Tourangeaux. Nous ne parlons pas des Romains, dont on ne peut affirmer qu'ils aient eu beaucoup à férir pour subjuguer les Turons, ni des Sarrasins, qui furent arrêtés dans leur course avant d'être parvenus jusqu'à Tours.

Espérons que la Touraine a subi en 1870 la dernière invasion dévastatrice, et, qu'en revanche, elle verra augmenter d'année en année la pacifique invasion des touristes. L'égalité de son

climat, comme nous croyons l'avoir démontré, en fait un hivernage idéal pour les santés chétives, et, en particulier pour les
poitrines qui craignent l'âpreté des vents et les brusques change-
ments de la température.

II. DIVISIONS GÉOGRAPHIQUES

Ceci dit, il ne faudrait pas s'imaginer que la Touraine est un
pays entièrement fertile, une sorte de Terre Promise, couverte
de fleurs et d'arbres fruitiers, comme l'épithète *Jardin de la
France* pourrait le faire espérer.

La Touraine renferme des plateaux arides, de grandes étendues en friche et des horizons attristés. Les terres ingrates y
ont une superficie plus grande que les terres plantureuses.

Sa grande richesse et sa principale séduction lui vient de
l'abondance des eaux. Elle a cette particularité unique en
France, et peut-être en Europe, de recevoir dans son territoire
un grand fleuve et quatre rivières importantes: la Loire, le
Cher, l'Indre, la Vienne et la Creuse. Ce fleuve et ces rivières
divisent la Touraine en régions géographiques très différentes:
au nord de la Loire, la Gâtine, puis entre le Cher et l'Indre, la
Champeigne. La riche Varenne est une presqu'île de terres
d'alluvions qui sépare la Loire et le Cher. Entre l'Indre et la
Vienne, il y a le plateau de Sainte-Maure. Le Véron occupe le
triangle formé par le confluent de la Loire et de la Vienne.
Enfin la Brenne marécageuse se prolonge, au midi de la Touraine, jusque dans le Berry. Chacune de ces régions mérite
une description spéciale, de même que chacune des vallées.

La vallée de la Loire. La Loire est la reine de toute la province. C'est elle qui doit tout d'abord accaparer notre attention.

C'est une reine capricieuse. Dans la saison sèche, un médiocre
filet d'eau chemine lentement, paresseusement sur son lit de
sable, dont la moitié est à sec, se divise en bras nombreux, qui
découpent des îles aux lignes harmonieuses; parfois une simple
grève toute nue, parfois un petit continent, où saules et peu-

pliers font des groupes charmants, constituent entre les coteaux
trop éloignés, des premiers plans à ravir un peintre. Si, par
aventure, la saison a été pluvieuse, tout change. La Loire
grossit en quelques jours, au point de rompre ses digues. Toute
la vallée alors n'est qu'une large nappe d'eau sinistre. Et
l'histoire de ces débordements de la Loire a déjà de nombreux
chapitres. On se souvient des désastres de 1856 et de 1866.
Le fleuve vient de renouveler, en 1910, ses tristes exploits. Ces
inondations sont le grand fléau du pays.

Cependant voilà déjà bien des siècles que les riverains se
préoccupent de conjurer ces catastrophes. Jadis, à chaque crue,
la Loire changeait son itinéraire, s'éloignait d'un coteau pour
se rapprocher de l'autre et se creusait un nouveau lit. Le
premier, le roi Louis le Débonnaire tenta de mettre un terme
à ces fantaisies. Un capitulaire de l'an 819 ordonna la construction d'une turcie ou levée, sur la rive droite seulement.
Les travaux, à peine commencés, furent abandonnés. Henri II
Plantagenet, un des grands bienfaiteurs de la Touraine, en
reprit l'exécution. Sous Louis XI, les levées étaient terminées
depuis Orléans jusqu'à Angers. Mais elles n'opposaient à la
poussée du fleuve qu'un talus de trois ou quatre mètres au-
dessus de l'étiage des eaux. Ce n'est qu'à la fin du xviie siècle
qu'on se décida à les exhausser. En 1783, on avait terminé ce
travail et porté leur hauteur à plus de sept mètres.

En ce temps-là, la Loire avait une importance commerciale
qu'elle a malheureusement perdue. Il n'y a pas quarante ans,
on voyait s'avancer lentement sur le fleuve de longues barques,
sapines et gabares, poussées par de larges voiles carrées, selon
le caprice des vents. Quand ceux-ci s'apaisaient, la barque
semblait endormie nonchalamment, se laissant aller au gré du
courant. Navigation primitive et sur laquelle il ne fallait pas
compter pour les communications rapides, mais moyen de
transport économique qui donnait au fleuve une vie maintenant
inconnue. Ces voiles ont disparu, les unes après les autres. Et
c'est grand dommage pour le pittoresque. Pendant de longues
années, l'insouciance des riverains a laissé le fleuve s'ensabler,

le chenal devenir de plus en plus étroit. Un beau jour on s'aperçut que la Loire avait cessé d'être navigable. Et l'on comprit la faute accomplie. Ce fut une désolation. Pour réparer le mal, il était bien tard. Cependant on parvint à constituer une société de la *Loire navigable*. On prononça beaucoup de discours; il y eut des congrès, des banquets. Le champagne coulait, et la Loire aussi. Enfin l'on commença les travaux, plusieurs kilomètres furent rendus à la navigation. On avait ainsi acquis, à un prix inférieur aux prévisions, la preuve que l'entreprise était réalisable. Il semble que ce premier effort se soit ralenti. Ce qui rassure, c'est que les promoteurs du projet sont des Nantais, gens tenaces, industrieux, et qui font aboutir ce qu'ils entreprennent. C'est une pitié, je dirais presque une honte, de voir un si beau fleuve inutilisé pour l'industrie de ses riverains.

Quelle est la couleur de la Loire? Est-elle bleue, verte ou blonde? J'ai entendu souvent discuter cette grave question et soutenir toutes ces opinions. Nous autres qui la connaissons bien, nous savons que la Loire est aussi changeante dans sa couleur que dans ses humeurs, ou plutôt elle n'a pas de couleur propre. Elle n'est pas verte comme le Rhin, elle n'est pas d'argent vif comme le Nil, ou d'aigue-marine, comme le Rhône. Dans ses parties profondes, elle est couleur du ciel et change avec lui. Là où son flot est parcimonieux, c'est-à-dire presque partout, elle est couleur du sable; donc elle est blonde. En somme, elle ressemble aux habitants, gens accommodants, qui disent volontiers ce qu'on veut leur faire dire, et qui prennent les couleurs qu'on leur offre. Il arrive ainsi, par un contraste piquant, que ce peuple débonnaire en accueille parfois d'assez vives.

J'ai déjà dit que les coteaux de la Loire sont fort éloignés l'un de l'autre. Ils sont d'altitude médiocre, et l'ombre qu'ils projettent n'attriste nulle part la vallée où, du matin jusqu'au soir, la lumière circule librement. Le coteau du Midi n'est pas la répétition de celui du Nord. Ils ont chacun leur physionomie distincte. Celui-ci, coupé çà et là de falaises, où les primeurs, mieux exposées au soleil, mûrissent, comme au long d'un espalier; celui-là plus boisé, plus frais, plus tranquille. L'un est pour passer l'hiver ou le début du printemps. L'autre est une délicieuse retraite pour l'été.

Ces falaises, notamment entre Tours et Vouvray, font penser parfois à celles des bords de la mer. L'Océan, aux temps géologiques, venait battre ces rochers. Si quelque cataclysme nouveau le ramenait vers eux, cette côte peuplée de villas ne différerait nullement de celles de Biarritz, de Trouville, ou de Saint-Enogat. Et la tour de Rochecorbon, qui, d'ailleurs, au moyen âge a sans doute porté des feux pour les signaux, et qui est restée debout au-dessus du rocher, dont les éboulements ont laissé sa base sans appui, cette tour a l'air d'un phare étrange, laissé par les âges disparus.

Des villages se blottissent au pied de la falaise; des maisons se dressent tout au bord. Audace périlleuse, car les éboulements sont fréquents.

Chaque pluie vient hâter un peu le travail de désagrégation, auquel l'homme lui-même collabore. En effet, tout un peuple de troglodytes a creusé le tuf et vit sous terre à la façon des taupes. Dans toute la Touraine vous trouverez de ces demeures souterraines. Parfois, dans la campagne, vous remarquez une mince fumée qui sort de terre. Des herbes qu'on fait brûler? Nullement. Vous vous approchez, et vous distinguez avec étonnement une cheminée à ras du sol; une maison est sous vos pieds.

Elles sont d'un pittoresque charmant, ces demeures creusées dans la falaise, et combien elles sont confortables! L'habitant ne manque pas d'en décorer le seuil d'un rosier grimpant. Là-dedans il est à l'abri du froid, comme du chaud. Et ce sont pour les vins du coteau des caves incomparables.

La Touraine des châteaux célèbres et des touristes, la Touraine délimitée, non par une frontière arbitraire et changeante avec les âges, mais qui trouve son unité et sa définition dans une certaine communauté d'histoire et de pensée, de nature et de race, la Touraine qui n'est pas seulement une expression géographique, mais je dirai une personnalité artistique, cette Touraine là commence dès que la nature s'épanouit, au sortir de la Beauce, à Blois. Nous la reconnaissons même plus loin encore, en pleine mélancolie solognote, dans un cadre de solitude et de forêt, là où la prestigieuse silhouette du château de Chambord se reflète dans les eaux endormies du Cosson.

On a critiqué le choix de ce site un peu morne pour édifier cette merveille. Trouvaille d'artiste plutôt, la sévérité même du cadre fait ressortir la luxuriance de ce joyau. Est-il de création française, ou italienne? Nous discuterons cette question. Admirons d'abord cette parfaite beauté, si originale, si directement inspirée des châteaux de la période féodale. En ceci elle est bien dans la formule de la première Renaissance. Chambord c'est, en somme, un donjon entouré de deux enceintes, chacune cantonnée de quatre tours angulaires. Mais voici l'extraordinaire de la conception. Ce donjon n'est qu'une énorme cage d'escalier, un escalier unique au monde, se composant de deux rampes en hélice, si ingénieusement combinées, que deux personnes puissent monter ou descendre en sens contraire sans se rencontrer. Au sommet du bâtiment qui se termine en terrasse, cet escalier poursuit son ascension, arrive enfin à une lanterne belvédère, d'où l'on jouit sur la campagne et sur le monument lui-même d'un coup d'œil vraiment surprenant: de sorte que cet effort immense aboutit en définitive à un résultat de beauté. Donner au monument un couronnement digne de lui, offrir à ses hôtes la jouissance de toute la campagne, voilà la seule fin pratique que l'architecte ait recherchée. Et cela caractérise bien cette époque de libre et royale fantaisie. La fantaisie, c'est ce qui rend si séduisant l'art de la grande époque tourangelle. Avant notre entrée en Touraine, il nous offre ici, du premier coup, sa plus magnifique et sa plus audacieuse expression. Nous commençons par son chef-d'œuvre, qui est aussi son chant du cygne. Après Chambord, commenceront, en effet, des somptuosités plus froides, disciplinées par le pédantisme classique, Fontainebleau et Saint-Germain.

Est-ce à dire que la fantaisie de Chambord nous doit faire éliminer toute idée d'influence italienne? De ce que Pierre Neveu, dit Trinqueau, et Denis Sourdeau figurent comme "maîtres ès œuvres de maçonnerie" dans la construction de Chambord, s'ensuit-il nécessairement que l'inspiration directrice soit venue d'eux, et d'eux seuls? Et devons-nous négliger le document qui nous apprend que Dominique de Cortone, dit le Boccador, *architecte*, avait fait un patron en bois du château de Chambord? Ces toitures en terrasses, cet escalier monumental, se terminant en lanternon, ce donjon faisant dôme, voilà, semble-t-il, des idées bien italiennes. D'autres éléments trahissent encore une influence d'outremonts: les loggias qui courent le long des tours et encore ces losanges noirs qui font aux fenêtres et aux cheminées une décoration si caractéristique, et où l'ardoise est employée à la façon du marbre noir dans les constructions d'Italie. D'ailleurs, seul, un Italien ayant vécu longtemps parmi nous aurait pu concevoir Chambord. A ce titre, cette merveille reste donc bien française, nous dirons même bien tourangelle.

A Blois nous aurons sous les yeux, dans une synthèse saisissante, trois moments de notre architecture. Les trois ailes de Louis XII, François Ier et Gaston d'Orléans, dont chacune occupe un des côtés de la cour d'honneur, sont, non seulement une page éloquente de l'histoire de l'art, mais aussi de l'histoire des mœurs, de la fin du XVe siècle à la première moitié du XVIIe. La première phase, avec son mélange de brique et de pierre, ravit par sa couleur amusante, son bon sens, sa simplicité ornée. François Ier, que continua Catherine de Médicis, c'est l'ère des caprices et des prodigalités magnifiques, la France et l'Italie s'unissant dans l'art comme dans la famille royale, combinant leurs génies pour de prodigieuses réussites. Quoi de plus inattendu et de plus élégant que cet escalier François Ier? Quoi de plus imposant et de plus harmonieux tout ensemble que cette façade qui tombe à pic sur la place Victor-Hugo, avec ses loggias à l'italienne et ses tourelles en encorbellement? Vraiment on ne peut pardonner à Mansard d'avoir, sur l'ordre de

Gaston d'Orléans, démoli une partie de ces constructions charmantes "pour accommoder les bâtiments de son Altesse Royale"
au goût froid qui régnait alors. Malgré cela, si Chambord con-
stitue la plus prodigieuse création de la Renaissance française,
Blois n'en présente pas moins l'ensemble le plus instructif et
le plus complet. Et quels souvenirs y sont attachés! Les fêtes
somptueuses de François Ier, les États Généraux, l'assassinat
des Guise, l'évasion de Marie de Médicis, se laissant glisser par
une corde le long de la muraille à pic. C'est toute une période
de notre histoire qui est racontée par ces pierres.

Le château de Blois, c'est le carrefour de trois époques bien
distinctes, comme la ville elle-même marque la limite de trois
régions géographiques: la Beauce, dont les vents salubres viennent balayer la partie haute; la Touraine, qui, dans la vallée,
nous montre déjà son sourire; la Sologne, dont nous apercevons
là-bas, de l'autre côté de la Loire, les grandes étendues marécageuses et boisées. C'est à la terrasse de l'évêché qu'il faut
venir, pour jouir de ce contraste et pour juger la situation
vraiment exceptionnelle de cette jolie cité. Et tournons le dos
à la cathédrale. C'est un lourd édifice du xviie siècle, qui mérite
vraiment l'apostrophe de ce personnage de *Marion de Lorme*:
"Ces clochers même ont l'air gauche et provincial."

Le monument religieux le plus intéressant de la ville par son
architecture et par son passé, c'est Saint-Nicolas, ancienne
église de l'abbaye de Saint-Laumer, un magnifique spécimen
de l'architecture des deux derniers tiers du xiie siècle.

A partir de Blois, nous sommes en pleine région des châteaux,
et voici bientôt, sur la rive gauche du fleuve, Chaumont, le fief
de l'illustre famille d'Amboise. C'est son chef, Charles d'Amboise, qui, vers 1475, commença à bâtir cet admirable château,
en partie aux frais de Louis XI, car le roi, pour reconnaître
ses éminents services, tint à participer à la dépense.

Catherine de Médicis en fit l'acquisition en 1550, de Charles
Antoine de la Rochefoucauld, et d'Antoinette d'Amboise, son
épouse. Mais elle s'en dégoûta promptement, et repassa Chaumont à Diane de Poitiers, qu'elle obligea à lui donner Chenon-

ceaux en échange. Diane, à son tour, dédaigna Chaumont et lui préféra son château d'Anet. Enfin Mme de Staël, qui reçut l'hospitalité à Chaumont, déclara, assure-t-on, un jour qu'elle était accoudée sur la terrasse:

"Oui, ce spectacle est admirable, mais combien je lui préférerais celui de l'eau noire et bourbeuse qui coule dans la rue du Bac."

Ces "belles et honnestes dames" me semblent en vérité bie.⌐ dédaigneuses. Car il serait difficile de trouver situation plus pittoresque que celle de ce château, qui voit la Loire couler au bas du coteau, et d'où le regard se repose sur une des plus riantes vallées de France. Mais peut-être l'architecture un peu massive et sévère du château semblait-elle déjà trop gothique à Diane et à Catherine. Aujourd'hui le goût a changé; il est devenu plus éclectique. Et les admirateurs de Chenonceaux ne se croient pas obligés de négliger Chaumont.

Quelques pas encore, nous avons franchi la frontière historique de la province de Touraine. Et voici Amboise, fière de son château, dont la silhouette est dans toutes les mémoires. Ceux qui ont voyagé sur la ligne de Paris à Tours ont tous aperçu cette construction prodigieuse: une colossale muraille épaulée de deux tours larges et trapues, et, au sommet de cette forteresse, s'appuyant d'un côté à la plus robuste de ces deux tours, un précieux château du XVe siècle, élégant et bien ouvré, campé en encorbellement, en haut de la courtine.

Malheureusement ce qui reste de ce château est bien peu de chose, auprès des somptuosités accumulées par Charles VIII, Louis XII et François Ier. La famille d'Orléans, qui le possède aujourd'hui, lui a donné une destination touchante, mais peu faite pour mettre en valeur ce qui reste de son ancienne magnificence. Elle en a fait une maison de retraite pour ses vieux serviteurs. Et les vastes salles, où ont défilé les cortèges royaux, ont été divisées en petits logements où des vieillards terminent doucement leur existence, dans une demeure parée avec amour pour des princes. Sans doute les fantômes du passé ne préoccupent guère les méditations des pensionnaires actuels. La mort tragique de Charles VIII, la conjuration d'Amboise et les exécutions qui suivirent, les visites de Charles-Quint à François Ier, la bravoure chevaleresque de ce roi, expédiant de sa dague, au grand effroi des dames, un sanglier furieux, qui avait fait irruption dans les appartements du château; la fin de Léonard de Vinci, ce souverain de l'art, tous ces souvenirs qui se présentent dans l'esprit du visiteur un peu lettré, ne troublent guère les bonnes gens qui se sont emparés du domaine des rois, et passent leur journée assis sous les tilleuls de la terrasse, à regarder en somnolant un des plus beaux paysages du monde, dont la sérénité convient aux derniers jours d'une existence honnête et sans aventures.

Au pied du château se pressent les vieux logis et les maisons blanches d'une petite ville élégante, laborieuse, une des plus commerçantes de la province.

A partir de Montlouis, la vallée de la Loire se confond avec celle du Cher. La ville de Tours, dont nous apercevons d'ici les clochers, est sise entre les deux cours d'eau. La ville nouvelle, la ville basse a ses dernières maisons au bord du Cher, tandis que la Loire dessine, au Nord, la limite de la vieille ville, de sorte que Tours est peut-être la seule ville de France où l'on monte pour arriver au fleuve.

Si l'on veut, avant de l'explorer en détail, en goûter d'un coup d'œil tout le charme, il faut s'avancer jusqu'au milieu du pont de pierre. Là, on a, d'un côté, sur la rive droite, des faubourgs qui grimpent sur les coteaux, Saint-Cyr à demi perdu dans la verdure, Saint-Symphorien, et plus loin encore, en amont, l'antique abbaye de Marmoutier, qui évoque le souvenir de saint Martin. Sur l'autre rive, s'étend la cité "blanche et bleue," selon la très juste définition d'André Theuriet. En effet, ce qui caractérise les villes de cette région, c'est la blancheur des maisons couronnées par le bleu sombre des toits d'ardoise. Cela fait un ensemble un peu froid peut-être, mais qui prend, au moindre rayon de soleil, une singulière gaieté.

Deux groupes de clochers particulièrement imposants dominent la foule "blanche et bleue" que forme la cité tourangelle.

L'un, celui qui se trouve en amont, est la cathédrale Saint-Gatien, une des plus belles de France, dont l'époque romaine, et même gallo-romaine, ont assis les fondations, dont les xiie, xiiie et xve siècles ont terminé la nef et sculpté les fines archivoltes du portail, dont la Renaissance enfin a couronné les clochers de bizarres et audacieux lanternons. Ceux-ci donnent à l'édifice une silhouette très caractéristique et infiniment gracieuse.

De l'autre côté du pont, en aval, on distingue un autre ensemble monumental, deux tours majestueuses du xiie siècle et un dôme moderne. Les deux tours sont tout ce qui reste de l'antique et célèbre basilique Saint-Martin, vers laquelle affluaient au moyen âge les pèlerins de tout le monde chrétien. Le dôme est celui de la nouvelle basilique, qui vient seulement d'être terminée. C'est un monument de style romano-byzantin qui fait grand honneur à l'architecte Laloux et au cardinal Meignan qui l'a entrepris. Mais il semble de proportions modestes à ceux qui avaient conçu le rêve un peu chimérique de rééditer l'ancienne basilique. Cette cathédrale et cette basilique résument l'histoire de la cité et de son développement à travers les siècles. La cathédrale marque la place où se trouvait l'enceinte de la cité gallo-romaine qui reprit son nom de capitale des Turons, Tours, après la chute de l'Empire romain. On retrouve encore une partie de l'enceinte primitive. La tour de l'ancien archevêché,—aujourd'hui musée,—en faisait partie; on reconnaît encore une autre tour dans la rue du Petit-Cupidon; enfin la tour de Guise, seul reste du château de Tours, a été érigée sur les fondations d'une tour gallo-romaine. Le grand portail de la cathédrale lui-même chevauche sur le rempart antique, dont l'arrachement, caractérisé par le mortier rose, mélange de brique et de chaux, se voit au flanc de la tour nord.

Cette cité gallo-romaine, comme on le constate facilement, n'était pas très étendue. Aussi est-on étonné des dimensions de l'amphithéâtre romain, dont on a retrouvé les substructions derrière la cathédrale et qui ne contenait pas moins de douze mille spectateurs. Il faut donc supposer que beaucoup d'habitants avaient leur demeure hors de l'enceinte.

Cependant la cité de Cæsarodunum, dès la fin du IVe siècle, vit naître et prospérer une rivale à quelques jets de flèches de ses murailles.

En effet c'est là, à l'ouest de la cité, que l'on avait déposé le corps de saint Martin, quand les Tourangeaux l'avaient ramené de Candes, au grand dépit des Poitevins. A cette place on édifia d'abord une chapelle, puis, dès la fin du Ve siècle, saint Perpet la remplaça par une somptueuse basilique. Les pèlerins cependant arrivaient par foules de plus en plus nombreuses. De sorte qu'auberges, hôpitaux, chapelles, s'élevèrent autour du tombeau vénéré, formant bientôt une cité importante, Martinopole, qui eut son édilité et ses murailles. Martinopole prit alors le nom de Châteauneuf.

Entre Tours et Châteauneuf se dressait l'abbaye de Saint-Julien, dont la belle église des XIIe et XIIIe siècles se voit encore de nos jours. Ses dépendances constituèrent bientôt une troisième agglomération importante.

Les guerres contre les Anglais obligèrent Tours et Châteauneuf à unir leurs forces et à se protéger derrière une enceinte unique, qui engloba Saint-Julien. C'est au milieu du XIVe siècle que cette réunion s'accomplit et que cette enceinte fut construite.

Elle fut bientôt trop étroite pour la prospérité croissante de la ville, qui dépassa toute prévision. Le roi Louis XI était venu s'installer au Plessis-les-Tours et témoignait une bienveillance toute spéciale à sa "bonne ville." Il favorisa puissamment son expansion économique par la création d'industries nouvelles, notamment celle de la soie. Les gros bourgeois de Tours qui avaient conquis l'amitié du roi, et qui s'étaient élevés rapidement aux plus fructueuses situations, aussi bien sous Charles VIII, Louis XII et François Ier, que sous Louis XI, devinrent à leur tour des mécènes, favorisèrent les ouvriers d'art et se firent édifier de somptueux hôtels dont quelques-uns sont parvenus jusqu'à nous. De sorte que la population de la ville augmenta dans des proportions considérables. Au XVIe siècle, elle dépassait 80,000 âmes.

L'éloignement de la cour, les guerres de religion portèrent les premiers coups à cette prospérité. Au XVIIᵉ siècle le marasme des soieries, la révocation de l'édit de Nantes achevèrent cette décadence. En 1834, la ville de Tours ne comptait que 23,000 habitants. Mais la création des chemins de fer, l'agrément du climat, la proximité de Paris, a rendu à Tours, en moins d'un siècle, sa prospérité d'antan. Et le chiffre de ses habitants atteint aujourd'hui sensiblement celui du XVIᵉ siècle.

Vers le milieu du siècle dernier, la superficie de la ville s'arrêtait à la ligne actuelle des boulevards. Et les habitants qui n'ont pas encore cinquante ans se rappellent fort bien avoir vu, à cet endroit, les remparts du XVIIᵉ siècle. Au delà des remparts, s'étendaient jusqu'au Cher des prairies et des marécages. On a comblé ces parties marécageuses, et, dans tout cet espace, on a bâti des quartiers nouveaux, de sorte que, depuis 1870, la superficie de la ville a été certainement doublée. Elle est arrivée jusqu'au Cher. Il ne paraît pas probable qu'elle dépasse de longtemps cette limite.

A l'Est, le canal qui relie le Cher et la Loire est une ligne de démarcation qu'il sera difficile de franchir. Mais l'extension qu'elle peut encore prendre vers l'Ouest est pour ainsi dire illimitée.

De ce côté s'étend le territoire de la Riche-extra, sur lequel on voit encore les restes, bien humbles, du Plessis-les-Tours. On a remarqué que la plupart des villes, dans leur accroissement, ont une tendance à s'avancer vers l'Ouest. La ville de Tours semble faire exception à cette règle et manifeste peu d'empressement à se porter de ce côté.

Peut-être les dernières inondations de la Loire feront-elles comprendre aux habitants l'avantage qu'il y aurait pour leur sécurité, autant que pour leur hygiène, à monter sur la hauteur, de l'autre côté du pont de pierre.

On jouit, de là-haut, d'un merveilleux panorama. Là se rencontrent les deux grandes routes de Paris et du Mans. A ce carrefour, elles se confondent en une avenue unique, qui dévale jusqu'à la Loire, et dont le pont, la rue Nationale et l'avenue de

Grammont ne sont que le prolongement magnifique. De sorte que du haut de cette *Tranchée*, c'est ainsi que l'on appelle cette route taillée dans la colline, on découvre une avenue grandiose qui, jusqu'au coteau du Cher, s'étend en ligne droite, sur une longueur de plus de cinq kilomètres. C'est une merveille aux yeux des gens qui aiment les perspectives rectilignes.

Pour les autres, ceux qui préfèrent aux belles avenues tirées au cordeau, les surprises et les fantaisies des quartiers pittoresques, la ville de Tours réserve ses vieilles rues, ses étroites ruelles, qui serpentent avec un caprice charmant entre des maisons cuirassées d'ardoises, un peu délabrées, et qui s'appuient sur leurs poteaux corniers, comme un invalide sur sa béquille. Mais ce poteau, presque toujours, est une œuvre d'art. Un saint quelconque y est sculpté. La porte a ses pieds droits pareillement sculptés et l'arc en accolade qui le surmonte se termine par ces feuillages contractés, recroquevillés que se plaisaient à fouiller les artistes de l'époque gothique finissante. Plus loin voici une jolie tourelle en encorbellement, puis des maisons à colombages et à pignons aigus; la maçonnerie est un mélange amusant de pierre et de brique, et l'on aperçoit, au fond d'étroits couloirs, de pittoresques courettes avec de vieux puits, ou bien encore un escalier extérieur en spirale, des galeries de bois, tout cela bien vétuste et branlant.

Ces maisons, qui abritent maintenant les pauvres de la cité, eurent pour occupants de riches bourgeois et de brillants seigneurs. Elles ont des titres de noblesse. Elles se vantent d'avoir eu pour hôtes les Babou, les Cottereau, les grands sculpteurs Juste de Juste. L'une d'elles, qui date de Charles VIII, a même la prétention, très injustifiée, d'avoir appartenu à Tristan Lermite. Comme preuve irréfutable, le concierge nous montre au bas de l'escalier, une sorte d'Hercule très poilu dans lequel il n'hésite pas à voir le portrait du fameux bourreau. La cordelière qui court le long de la maison serait son emblème macabre, autant que de mauvais goût; le clocher de la tourelle, qui servait à hisser les fardeaux, ne serait autre qu'un gibet; enfin des clous fixés dans la muraille pour offrir des perchoirs aux moineaux, seraient une ingénieuse méthode de comptabilité, et marqueraient le nombre de ceux qu'on pendit. C'est une visite très dramatique.

Ainsi la promenade dans le vieux Tours réserve au flâneur maintes curieuses découvertes. Il s'y attardera trop longtemps pour que nous puissions le suivre dans ses explorations. Nous nous bornerons à lui conseiller, s'il veut ne rien négliger, d'emporter avec lui la magistrale monographie de M. Paul Vitry et nous continuerons à descendre le cours de la Loire.

Si nous suivions la rive gauche, nous rencontrerions à l'extrémité de la ville, au bord du fleuve, le prieuré de Saint-Côme-en-l'Ile, illustré par le séjour de l'hérésiarque Béranger, de l'abbé Barthélemy, l'auteur du fameux *Voyage du jeune Anacharsis*, et surtout du poète Ronsard, qui y fut inhumé. Ainsi fut exaucé le désir qu'il exprimait en vers d'une grâce savoureuse:

> ...Je veux qu'un arbre
> M'ombrage au lieu d'un marbre,
> Et la vigne tortisse
> Mon sépulcre embellisse.

"Prends garde, ô passant!" disait une grandiloquente inscription: "cette terre est sacrée. Ronsard gît ici. Nées avec lui, les Muses sont mortes avec lui et ont été ensevelies dans le même tombeau." On s'est livré depuis à de vaines recherches pour retrouver les ossements du poète. La tombe reste encore ignorée. Quant aux Muses, il est à présumer que leur ensevelissement n'avait pas été de longue durée. Quelques privilégiés, qui ont rencontré les Muses de Ronsard, et même ont vécu familièrement avec elles, La Fontaine ou Banville, par exemple, auraient pu donner de leurs nouvelles.

Au delà de Saint-Côme, la rive gauche de la Loire devient de plus en plus plate, quoique non dépourvue de perspectives agréables. Ce n'est pas le chemin des touristes.

Les prochaines curiosités, églises romanes et châteaux historiques, sont maintenant sur l'autre rive. Et la promenade est facilitée par un petit chemin de fer local, qui nous conduira jusqu'à Luynes. Là, nous verrons un bel aqueduc gallo-romain. Il apportait l'eau, sans doute, au monastère ou à la forteresse, dont on retrouve encore, au bord du coteau, les ruines, que Grégoire de Tours signalait déjà comme anciennes. Mais notre attention sera surtout attirée par les murailles hautaines d'un château, celui qui s'appelait anciennement Maillé et qui porte le nom de Luynes, depuis l'an 1619, où il fut acheté par le favori de Louis XIII, Charles d'Albert. C'est un bloc de maçonnerie tout uni, sans autre ornement que les robustes tours cylindriques qui le flanquent.

Ici le chemin de fer s'arrête. Et c'est fort heureux, car nous parcourrons pédestrement, en flânant, les quelques kilomètres qui nous séparent des restes tragiques du château qui porte le nom d'un autre favori du même roi, Cinq-Mars, dont la disgrâce a fait la gloire du grand poète et romancier, Vigny, et inspiré beaucoup de belles tirades aux historiens, aux dramaturges et aux philosophes.

Cette route n'est d'ailleurs nullement favorable aux sombres méditations. La joie et la prospérité sont partout autour de nous. A notre gauche, nous avons le cours tranquille de la Loire, qui glisse sans bruit sur son lit de sable, de larges prairies, séparées les unes des autres par des alignements de peupliers. Çà et là, les pluies et les infiltrations ont laissé une flaque d'eau pittoresque où les troupeaux viennent boire et où quelques saules trempent leur feuillage argenté. Au loin, les coteaux du Cher allongent leur ligne calme, qui passe du mauve au violet sombre, selon les heures de la journée. A notre droite, nous avons une longue rue de demeures creusées dans le rocher, de maisons neuves ou parfois vétustes, mais toujours rajeunies par les quelques fleurs qui s'épanouissent au seuil, étalant sur la muraille la souple fantaisie de leurs branches parfumées.

Enfin l'on voit au pied du coteau un étrange monument, une pile gallo-romaine, surmontée de quatre petits piliers et décorée de mosaïques mystérieuses, qui a provoqué chez les archéologues de nombreuses dissertations, toutes très savantes, mais aucunement concluantes. Quelle était la destination de cette pile?

L'énigme subsiste, et vraisemblablement, faute de textes, ne sera jamais éclaircie.

Plus loin le clocher roman de l'église de Cinq-Mars a pour voisines deux tours à demi croulantes, seuls restes, ou peu s'en faut, du malheureux château, que l'implacable Richelieu fit raser, à hauteur d'infamie, pour assouvir sa vengeance, et son orgueil aussi—car le cardinal aurait voulu que son propre château fût sans rival dans toute la Touraine.

Cette heureuse petite ville de Cinq-Mars ne semble d'ailleurs nullement attristée par le souvenir de ce drame. Gaie, fleurie, "blanche et bleue," dominée par la flèche aiguë de son clocher octogone, vous avez là un type caractéristique de village tourangeau. Quelques toits en briques, rarement en tuiles—les toits de tuiles apparaîtront quand nous nous approcherons du Poitou. Encore moins, hélas! de chaumes. Les ardoisières de l'Anjou fournissent presque toutes les toitures de Touraine. Quant à ces pierres qui émerveillent les gens du Nord par leur blancheur, et où les nombreux étés laissent parfois une belle patine dorée, ces pierres malheureusement trop friables, mais si faciles à travailler que les sculpteurs, comme en témoignent nos châteaux, s'en sont donné à cœur joie, ces pierres sont une craie tuffeau originaire du pays. On les tire en particulier des carrières de Bourré, une petite localité sise sur les bords du Cher, dont le nom sert à désigner en Touraine ce genre de pierres de construction. Quant à ces flèches romanes qui montent d'un seul jet vers le ciel, elles sont caractéristiques aussi. On les retrouve un peu partout dans nos provinces de l'Ouest. Les clochers-arcades des autres provinces, les tours et les lanternons octogones qui surmontent les transepts auvergnats et provençaux, les clochers en bâtière du Nord, de la Normandie, de l'Ile-de-France, ont quelque chose de lourd, de compliqué, d'écrasé, à côté de ces jolies flèches d'une ligne si simple et si svelte. Ajoutez à cela un je ne sais quoi de gai, de cossu, de bienveillant et de propret. Voilà les petites villes de chez nous.

A Cinq-Mars, la Loire, qui vient de recevoir le Cher, s'élargit et sa vallée elle-même est devenue plus ample et lumineuse quand nous arrivons à Langeais. Ici nous voyons avec étonnement la masse énorme et noire du château se dresser, non pas à distance sur la colline, mais en pleine ville, parmi la foule des maisons blanches.

C'est un spécimen magnifique de l'architecture féodale, au moment précis[1] où les sombres forteresses deviennent des résidences que la châtelaine veut plaisantes, et qui peu à peu seront disposées pour son agrément, plus que pour l'orgueil ombrageux du seigneur.

Le château de Langeais présente, vu de l'extérieur, une physionomie rébarbative et menaçante. Par les ouvertures étroites, l'on s'attendrait à voir passer le bout d'une couleuvrine ou d'une arbalète; un chemin de ronde, dentelé de mâchicoulis, court tout autour de la façade et encercle les tours coiffées de poivrières. La porte, avec son pont-levis et les deux tours qui l'enserrent, ressemble à celle d'une prison. Quelle singulière destinée que celle de cette forteresse dont le propriétaire a remis par testament la défense aux pacifiques membres de l'Institut, garnison peu redoutable, malgré l'épée académique. Il est vrai que, sur la cour intérieure qui se prolonge en un beau parc, le château ouvre deux ailes d'un style moins inquiétant.

A l'extrémité de ce parc, on voit les ruines d'un donjon construit par Foulques Nerra, et qui serait, paraît-il, le doyen des donjons de France.

En continuant à descendre la Loire, près de Saint-Patrice, nous remarquons, sur la rive droite, le somptueux château de Rochecotte, où Talleyrand venait séjourner chez sa nièce la duchesse de Dino. A cet endroit, la Loire se rapproche du coteau méridional. La plaine qui s'étend à notre droite faisait partie du territoire de l'Anjou. Nous ne parlerons donc que pour mémoire et de la belle église de Bourgueil, et du château (xvᵉ siècle) des Réaux, illustré par le souvenir de Tallemant. Ce canton de Bourgueil, célèbre par ses cultures rares et variées (chanvre, coriandre, réglisse, anis) et surtout par ses vignobles, est un des plus riches de la région. Sur cette route, que sui-

[1] Ce château fut construit de 1465 à 1469.

vaient les pèlerins se rendant à Candes, on aimait à proposer
à leurs méditations des histoires édifiantes. Quelques-unes sont
émouvantes et poétiques: malades qui recouvraient la santé
en touchant les reliques du saint, arbres qui reprenaient en
plein hiver leur feuillage, de sorte que ce corps inerte, qui
appartenait à la mort, faisait germer la vie sur son passage.

D'autres récits étaient divertissants. L'un d'eux mérite
d'être conté. Il vous expliquera comment naquit la petite ville
de la Chapelle-Blanche, que vous apercevez sur votre droite:

Adoncques, en l'an 884, on ramenait d'Auxerre les reliques
du saint, et comme il rentrait dans son diocèse, tous les éclopés,
sur sa route, se trouvaient soudainement guéris. Or ce fut une
grande épouvante pour deux pauvres paralytiques. Car leur
état pitoyable leur valait aumônes et profits. Et ils traînaient
une existence geignante, mais oisive, ce qui est, comme on le
sait, pour un Tourangeau, la béatitude suprême. La guérison
redoutée était la ruine de leur rêve. Vite, la béquille sur l'épaule,
ils s'enfuirent, cahin-caha, moitié courant, moitié rampant.
Déjà ils apercevaient à l'horizon l'Anjou, et pensaient échapper
au saint. Mais son implacable bonté allait plus vite que leur
frayeur. Ils se trouvèrent soudain guéris. Adieu profits! adieu
béquilles! Ils se mirent à se lamenter…"Pourquoi pleurez-vous,
pauvres gens? — Il faudra travailler pour vivre!" Cependant ils
firent contre mauvaise bonne fortune, bon cœur. Ces miraculés
malgré eux, qui, après avoir exploité la maladie, espéraient
peut-être exploiter la guérison, se relevèrent consolés. Ils se
rendirent à Tours, en glorifiant le Seigneur. Et sur le lieu de
ce miracle, les bonnes gens édifièrent une chapelle,—c'est
aujourd'hui la Chapelle-Blanche.

Nous sommes arrivés au terme de notre voyage, à Candes,
sise au confluent—*condate*—de la Vienne et de la Loire, dans
un des plus beaux sites de la Touraine. On sait qu'ici mourut
saint Martin, et que son corps fut disputé aux Poitevins par les
Tourangeaux. Tandis que les Poitevins s'étaient endormis, les
Tourangeaux veillaient encore—sans doute avaient-ils eu soin,
selon leur coutume, de ménager leurs forces pendant la journée.

Ils partirent donc avec la dépouille sacrée. Au lieu où ils remportèrent cette pieuse victoire, ils édifièrent une basilique. C'est un magnifique spécimen de style Plantagenet. La façade, cantonnée de deux tours crénelées, et protégée par une sorte d'échauguette, a une apparence de forteresse. Quant au porche lui-même, il est extrêmement remarquable. Ses voûtes dômicales viennent retomber sur une colonnette unique, une mince colonnette qui se dresse au centre de cette sorte de narthex, épanouit ses nervures gracieusement, comme un palmier ses branches, semble supporter tout le poids de la voûte, et fait par son audacieuse légèreté l'admiration des visiteurs.

A l'extrémité du village se dresse, en face de la Loire, le château de Montsoreau. Entre Candes et Montsoreau, la limite est difficile à déterminer; car, observe le dicton:

Entre Candes et Montsoreau
Ne paît ni vache, ni veau.

Cependant cette limite, il nous faudra bien l'apercevoir, car Candes est en Touraine, tandis que Montsoreau est en Anjou. Et nous ne voudrions pour rien au monde empiéter sur le domaine de celui de nos confrères qui se chargera de vous décrire cette dernière province.

La vallée du Cher. Après les souriants aspects de la vallée de la Loire, le plateau qui sépare les deux vallées de la Loire et du Cher nous semblera bien banal, sans doute, à moins toutefois que nous ne nous égarions sous les magnifiques futaies de la forêt d'Amboise. D'ailleurs la route de la Loire au Cher n'est pas très longue, et nous arrivons bientôt à Montrichard, une petite ville aimable et cossue, dominée par un donjon romantique édifié par Foulques Nerra. La vieille église, les maisons à tourelles et à pignons aigus se pressent à ses pieds, contre le roc où il est bâti. Le coteau lui-même est creusé de caves et d'habitations. Un tiers de la population, dit-on, vit sous terre de la sorte.

Et cela est à souhait pour les gens qui aiment le pittoresque. Cet aspect romantique disparaîtra, d'ailleurs, dès que nous aurons fait quelques kilomètres en aval, et nous ne le retrouverons plus sur les rives du Cher.

Rien de plus dissemblable que ces deux cours d'eau, le Cher et la Loire. Celle-ci est une grande dame qui s'attarde sur l'or des grèves, affecte l'oisiveté d'une souveraine. Elle ne daignerait ni tolérer la présence d'une vanne, ni faire tourner la roue d'un moulin.

L'autre rivière est une bourgeoise qui chemine lentement, mais sans flâner, entre de grasses prairies, ne s'arrête qu'aux barrages qu'on lui inflige pour régulariser son travail. Elle semble être là pour l'utilité autant que pour l'agrément. C'est la prose après la poésie.

Elle réserve cependant de jolies surprises. A travailler on fait fortune. Et certains de ces moulins sont devenus des châteaux.

C'est ce qui est arrivé au pittoresque Moulinfort; un vieux moulin fortifié, perdu dans la verdure entre deux îles exquises, et qui semble mis là, uniquement pour préparer le touriste au saisissement d'admiration qu'il éprouvera quelques centaines de mètres plus bas, devant les arches surprenantes de ce pont mué en palais qu'est le château de Chenonceaux, un ancien moulin, lui aussi, qui a fait, comme on dit, son chemin. Voyez cette pile énorme, qui se relie à la rive droite, quelle audacieuse inspiration ce fut de lui faire porter cette élégante construction, cantonnée de quatre tourelles ! Quand une œuvre évoque l'idée d'une fée, on peut être sûr qu'une femme a passé par là. Plusieurs "honnestes dames," ou méchantes fées? je n'ose pas en décider, ont accompli en effet ce miracle d'architecture. La première fut une riche bourgeoise, Catherine Briçonnet. Ce caprice bien féminin vient d'elle sans doute, et elle dirigeait les travaux, tandis que son mari, Thomas Bohier, général des finances, suivait François Ier en Italie. Bohier disgracié et ruiné, son fils vendit le château à François Ier (1535). Henri II le donna à Diane de Poitiers (1547). Mais celle-ci ne pouvait se contenter du simple caprice d'une bourgeoise. Elle fit donc dessiner par Philibert Delorme la merveilleuse grande galerie, qui devait en faire une résidence digne d'une reine. Imprudence ! Une reine, une vraie reine s'en engoua à moins qu'elle ne vît là tout simplement l'occasion de jouer un méchant tour à une rivale. Catherine de Médicis obligea la belle Diane à lui céder sa propriété, en échange du château de Chaumont. Et l'Italienne eut la gloire de terminer Chenonceaux, tel qu'il est parvenu jusqu'à nous.

Après une telle merveille, le château de la Bourdaisière nous semblera bien peu de chose. Il se dissimule parmi les arbres d'un parc, en face de Véretz, le pays de Paul-Louis Courier. Et ce château n'est plus, en effet, qu'un pauvre vestige du domaine où régna la belle Babou, et où naquit une autre beauté, non moins illustre par la faveur royale, Gabrielle d'Estrées. Les ministres qui ont des châteaux sont pour les autres châteaux des voisins funestes. Et le duc de Choiseul, pendant son exil à Chanteloup, fit, avec les démolitions de la Bourdaisière, édifier, à la lisière de la forêt d'Amboise, cette masse curieuse, mais peu esthétique, de colonnades superposées qui prétendaient représenter une pagode chinoise,—une pagode chinoise reposant sur des colonnes doriques !

Un peu plus loin, après avoir été ramenés à Tours, nous arrivons à Villandry, un château de la Renaissance qui a subi, au cours des âges, des remaniements nombreux. Son dernier propriétaire a entrepris de lui rendre sa physionomie première. Il a poursuivi cette restauration avec un zèle parfois heureux. De la terrasse de ce château, on jouit d'un panorama magnifique et l'on aperçoit, non loin de là, le confluent du Cher et de la Loire.

La vallée de l'Indre. Entre l'Indre et le Cher s'interpose la Champeigne—un plateau sévère, monotone, peu fertile où l'on rencontre cependant çà et là une pittoresque apparition comme la tour féodale des Brandons, ou le prieuré de Saint-Jean-du-Grès, qui a tant de caractère avec sa flèche octogone d'un art roman primitif, et sa curieuse salle du XIIe siècle. Le plateau se prolonge jusqu'à l'Indre et à son affluent l'Indrois, une jolie rivière qui coule sur un lit rocheux.

Les bords de l'Indrois sont trop délaissés des touristes. De Montrésor à Loches, par Chemillé et Genillé, cette rivière vous conduit par des chemins creux et accidentés, encaissés entre des pentes abruptes, où parmi les rochers qui, çà et là, percent le sol, s'agrippent les ajoncs et les genévriers. Montrésor souffre un peu du voisinage redoutable de Loches, et ne reçoit pas la grande foule des visiteurs. Elle a cependant belle allure, et sa silhouette, avec son double château, celui du XVᵉ siècle, et un châtelet du haut moyen âge, n'est pas sans analogie avec celle de son illustre voisine. Elle possède, de plus, une chapelle où la décoration de la Renaissance italienne pare, avec une grâce infinie, une architecture qui n'a pas encore abdiqué les vieilles traditions gothiques. Enfin si l'on ne craint pas de prolonger sa promenade, on trouvera, à quelques kilomètres, à l'entrée de la forêt de Loches, les restes de l'abbaye du Liget, fondée par Henri II, en expiation du meurtre de Thomas Becket. La sauvage solitude du site convenait à merveille aux disciples de saint Bruno. Ils oubliaient leur isolement en copiant des manuscrits. Et l'on voit encore, au bord d'un étang, l'ancienne *Corroierie* où ils préparaient leurs parchemins.

A l'autre extrémité de la forêt, l'Indre apparaît et se prélasse dans une des vallées les plus riantes de France. Ce serait une tâche bien ardue d'échapper à la monotonie, en décrivant toutes ces rivières, si la nature n'avait facilité notre tâche, en renouvelant pour chaque vallée ses aspects. Ici ce sont des coins et des recoins d'une intimité charmante. La rivière serpente et s'attarde, décrit des courbes et des contre-courbes. Les autres rivières de Touraine, la Loire, le Cher, la Creuse et la Vienne, roulent des eaux claires sur des lits de sable et de cailloux. Celle-ci coule à pleins bords, sur un fond d'humus. Les autres sont des rivières blondes, comme les torrents du Midi; celle-ci est une rivière brune comme celles du Nord.

La première ville qu'elle rencontre en sortant du Berry, c'est Loches—Loches qui étage au flanc du coteau ses rues tortueuses, au-dessus desquelles surgissent le vieux donjon de Foulques Nerra, un des deux ou trois plus beaux et plus anciens de

France, son logis du roi, construit par Charles VII, son extraordinaire église Saint-Ours, qui présente, avec ses deux tours,
et les deux pyramides qui lui servent de voûtes, un ensemble
unique par son caractère dans l'histoire de l'architecture, en
somme un des plus beaux édifices que nous ait laissés le XIIᵉ
siècle. Ce château, ce donjon qui est, depuis Louis XI, une
prison, cette église, auxquels il faut ajouter d'autres églises
encore, d'autres tours, et de vieilles portes, une enceinte de
Philippe Auguste, et des fortifications de Louis XI, tout cela
fait une silhouette de ville fantastique, autant que de grande
allure. C'est tout un cours d'archéologie que vous avez sous
les yeux, et tout un cours d'histoire de France. C'est presque
tout le moyen âge résumé en un seul tableau. Ce donjon
évoque la lutte de la royauté contre les grands vassaux,
Philippe Auguste contre le Plantagenet; puis ces murailles,
qui ont assuré leur indépendance, servent de prison aux nobles
vaincus. C'est là que Louis XI a enfermé dans des cages ses
ennemis, Comines et La Balue; Louis XII, le roi paternel, y
emprisonna Ludovic, duc de Milan. Mais depuis Charles VII,
les rois se sont éloignés de ces murailles rébarbatives. Elles
eussent été vraiment trop tristes pour y loger leurs belles
maîtresses. Et, dans le logis du roi, le tombeau d'Agnès Sorel,
expulsé de la collégiale, pour revenir là où la favorite a vécu,
nous raconte le roman de Charles VII et de la "Dame de
Beauté." De la terrasse du château nous apercevons, en re-
gardant vers la vallée, un joli castel de la Renaissance, le
château de Sansac, où la physionomie voluptueuse et fine de
François Iᵉʳ souriait jadis dans un précieux médaillon de terre
cuite, peut-être la plus ressemblante image que nous possédions
de ce roi. Il vint à Loches avec sa cour, quand il reçut Charles-
Quint.

Est-ce tout? Pas encore. De l'autre côté de la rivière,
au-dessus du faubourg de Beaulieu subsiste la ruine im-
posante d'une abbaye fondée au début du XIᵉ siècle par
Foulques Nerra, au retour d'un pèlerinage en Terre sainte,
pour y déposer un morceau de la vraie croix. Le ciel sans

doute ne voulait pas de cet hommage, car une tempête[1] renversa l'église le lendemain même de sa consécration; on la reconstruisit d'ailleurs aussitôt. Et les ruines que nous voyons sont du XII⁰ siècle.

Que cette rivière est donc flâneuse et nonchalante! Combien faudrait-il à cette feuille, qui vient de tomber dans le courant, pour franchir les quelques kilomètres qui séparent Loches de Courçay? Là elle ne pourrait se décider à poursuivre sa route et irait s'échouer dans quelque crique. Nous serions tentés de l'imiter, tant cette vallée est pittoresque. Les existences les plus calmes ont, dit-on, un moment de folie et de romanesque. La vallée de Courçay est la minute romanesque de cette paisible rivière. Elle vous prend ici des allures de gorge, avec des éboulis de rochers, un chaos bien modeste et pas très farouche, dont l'âpreté est corrigée par le sourire de la verdure et des fleurs. Les Tourangeaux prétendent que c'est là "une petite Suisse." C'est beaucoup dire pour quelques rochers. Mais ces rochers font un décor de rêve au théâtre de la Nature qui s'est installé à Courçay.

Promptement la rivière se ressaisit, redevient sage et reprend sa discrète simplicité. C'est à peine si elle se laisse remarquer, quand elle arrive à Cormery, dont vous apercevez là-bas la tour décapitée, seul reste, hélas! d'une abbaye jadis illustre. Encore parlait-on, dans ces derniers temps, de l'abattre.

Si l'Indre chemine lentement, c'est en travaillant sur sa route, comme ces bonnes femmes de Touraine qui marchent en tricotant. Dans le silence de la prairie le tic-tac des moulins répond au cri rauque des geais et des pies.

Montbazon, que domine un donjon de Foulques Nerra, mais surtout Artannes et Pont-de-Ruan, sont enrichis par leurs moulins.

Cet endroit de la vallée fut le refuge de Balzac, qui venait oublier dans la fraîcheur de cette solitude les tourments de sa vie fiévreuse. C'est là, entre Pont-de-Ruan et Saché, qu'il situe un de ses chefs-d'œuvre, *Le Lys dans la Vallée*. Nous nous

---

[1] Ou bien, tout simplement, la poussée des voûtes

garderons bien d'ajouter quoi que ce soit à l'inoubliable description qu'il en a laissée.

Ce coin de vallée a le charme de la solitude absolue. Des bois et des landes viennent mourir aux pentes du plateau, à l'endroit où commencent les prairies. Rien, si ce n'est les orages de son cœur, n'y venait troubler les méditations du grand romancier.

A Azay-le-Rideau, c'en est fait de cette bienheureuse tranquillité. Les rues de la petite ville sont pleines du caquetage des touristes et du tumulte des autos. Les bandes joyeuses cependant, dès qu'elles se sont enfoncées sous l'ombre des grands arbres et qu'elles se trouvent en face du château, arrêtent leurs bavardages bruyants. Il y a, même chez les plus fous, un moment de silence et d'admiration. On se sent devant quelque chose d'unique et d'imposant par sa beauté.

Ce qui en explique l'harmonie, c'est que ce chef-d'œuvre fut édifié en quelques années, de 1518 à 1520.

Dans ce monument, plus rien ne rappelle les forteresses des siècles précédents; les tourelles, les mâchicoulis ne sont plus que des ornements, trop frêles pour faire songer à quelque arrière-pensée belliqueuse. On n'avait plus à se défendre que contre les importuns. Et la rivière y suffisait.

Quel fut l'architecte qui conçut cette merveille? Nul document ne nous en instruit d'une manière positive. Probablement un Tourangeau, quelque brave maître maçon connu de ses seuls compatriotes, peut-être Étienne Rousseau; mais la preuve est encore à faire.

On ne trouve l'influence italienne que dans la décoration de la façade et dans le fameux escalier principal, si élégant avec sa voûte à caissons sculptés.

Le premier propriétaire du château, Gilles Berthelot, fut troublé dans son bonheur. Enveloppé dans la disgrâce de son cousin Semblançay, il ne put échapper au gibet que par l'exil. Les financiers, dans ce temps-là déjà, finissaient mal.

Une des catastrophes financières les plus retentissantes du siècle dernier obligea le propriétaire d'Azay à vendre ce château.

Celui-ci est arrivé fort heureusement entre les mains de l'État, qui en a fait un musée, à l'heure actuelle fort modeste. Espérons qu'il prospérera. L'intention de ses fondateurs, et elle est fort ingénieuse, serait de reconstituer ici un intérieur de château, d'y évoquer la vie seigneuriale au début de la Renaissance.

Avant de sortir du parc, nous raconterons une anecdote que nous croyons peu connue.

Pendant la guerre de 1870, le prince Frédéric-Charles avait établi son quartier général à Azay-le-Rideau. Un soir, au moment où il se disposait à festoyer avec son état-major, le lustre de la salle à manger se détacha et vint s'abattre auprès du prince royal. Il s'en fallut de peu qu'il ne fût tué. Le prince crut à un guet-apens. Pâle de colère, et peut-être d'émotion, il menaça de faire mettre le feu au château. On parvint à le détourner de ce dessein. Mais l'on frémit en pensant au danger couru par un des plus purs chefs-d'œuvre de l'architecture française.

Ajoutons que, les ennemis partis, le propriétaire, M. de Biencourt, fit à son tour brûler tous les objets qui leur avaient servi ; tout, jusqu'aux voitures.

La petite ville elle-même est très pittoresque. Quelques-unes de ses maisons sont contemporaines de Charles VII et de Louis XI. L'église évoque un passé encore beaucoup plus reculé. Sa façade est ornée de sculptures vénérables, d'imbriquements et de damiers de pierre qui remonteraient au xe siècle.

Et puis, il y a les vieux moulins. C'est le coin favori des artistes. La rivière, en bonne rivière tourangelle, sommeille doucement entre une double rangée de saules et de peupliers au feuillage frémissant. Le plus souvent qu'elle peut le faire, elle s'arrête et dans son cours, on distingue, tant elle est claire, des plantes qui s'étirent. Des moulins très vétustes, d'antiques maisons à moitié revêtues de lierres et de rosiers grimpants, se regardent d'une rive à l'autre. Des canards barbotent. Les rayons frisants du soleil accrochent des lumières blanches sur les feuilles humides des nénuphars, et vont se décomposer, comme en un prisme, dans l'aile d'une libellule, arc-en-ciel minuscule et fugitif. L'insecte n'a posé qu'un instant, et déjà il repart. Tous ces petits spectacles animent ce coin paisible où l'oisiveté semble si douce. Mais l'homme ne souffre pas que les choses, tandis qu'il travaille, demeurent inactives, et il oblige la rivière à lui moudre son blé. Grand effort! Elle retombe en fraîches cascades murmurantes.

Chaque recoin de cette vallée semble un cadre à souhait pour un conte de fées. Quand on arrive au château d'Ussé, par la forêt de Chinon, et qu'on aperçoit à travers les branches cette masse étrange, avec ses tours en poivrières, il est impossible de ne pas songer au château de la Belle au Bois dormant. Quand on arrive au contraire par la vallée, Ussé nous étonne par sa majesté. Certains préfèrent Azay, mais d'autres tiennent pour Ussé. Il y a deux camps irréductibles, comme dans la querelle des Jobelins et des Uranistes. Ussé, bâti dans la seconde moitié du xvᵉ siècle, dans un style encore tout gothique, qui tient le milieu entre Langeais et Azay, plus proche toutefois du premier, a gardé une certaine allure de forteresse. Et c'est une forteresse dont on envie la garnison. Car sa situation est incomparable. Du haut de sa terrasse, à l'orée de la forêt de Chinon, Ussé domine les trois vallées de l'Indre, du Cher et de la Loire, réunies ici en une seule.

Dans cette immense étendue de terres grasses, fertiles, humides, où l'on cultive le chanvre, où les légumes donnent des récoltes abondantes, vit une race spéciale, fiévreuse et moins allègre que le vigneron. Celui-ci raille ses voisins sans pitié. Les gens des Varennes, ceux de Bréhémont surtout, sont ses victimes. Dire: "il est de Bréhémont" est une façon polie— pas pour ceux de Bréhémont—de dire: "c'est un sot." Et l'on raconte encore: "A Bréhémont, on laisse le cheval à l'écurie, la *vireuse* (charrue) sous l'*angar* et l'on travaille à la bêche."

On travaille à la bêche! Pourquoi? A cause de l'extrême morcellement du sol. Ardouin Dumazet cite un bout de terre de six ares qui fut partagé en neuf! Dans toute la Touraine, d'ailleurs, ce morcellement sévit plus ou moins. La grande culture y est presque inconnue. Et que de temps perdu par le paysan, pour se rendre d'un champ à un autre!

C'est dans cette vallée, mais surtout dans le Véron, qui en est le prolongement, et qui se termine à Candes, que l'on produit les fameux pruneaux de Tours. Hélas! il faut bien l'avouer, la plupart des pruneaux de Tours et d'Agen viennent de l'Europe centrale, de Bosnie en particulier. Les prunes de Touraine, toutefois, l'emportent par la saveur. Et si elles sont vaincues au point de vue de la quantité, par la qualité tout au moins, elles ne craignent aucune concurrence.

Dans ce Véron, on pourrait tâcher d'éclairer un problème d'ethnographie bien curieux. C'est dans le cul-de-sac, que forme la rencontre de la Vienne et du Cher, que se seraient réfugiés un certain nombre de Sarrasins poursuivis par les Francs de Charles Martel. Les habitants actuels du Véron seraient encore leurs descendants. Beaucoup, en effet, ont la tête osseuse, la barbe noire, et le teint basané. Il n'est donc pas impossible que la Touraine possède une tribu de Bédouins.

Plateau de Sainte-Maure et vallée de la Vienne. Passer de la vallée de l'Indre à celle de la Vienne, en traversant le plateau de Sainte-Maure, c'est connaître le contraste qu'il y a entre la Touraine souriante et la Touraine aride. Le plateau de Sainte-Maure, c'est la région mélancolique, sévère, monotone. De grandes landes y font de larges taches dénudées, comme la maladie sur un pelage de bête. Dans les landes du Ruchard, par exemple, qui donc se croirait en Touraine? Les genêts et les ajoncs fleuris feraient penser à la Bretagne. Çà et là quelque dolmen ajoute au caractère étrange du pays. Le paysan est superstitieux et conte à la veillée des histoires de *garous*. Il croit aux sorts que l'on jette, et consulte la somnambule.

C'est sur ce plateau que l'église (xve siècle) de Sainte-Catherine de Fierboys nous rappelle le souvenir émouvant de Jeanne d'Arc, et Comacre, près de là, celui des rudes Boucicaut.

Cependant, comme on approche de la Vienne, des vallons se creusent, la verdure reparaît et on aperçoit de nouveau les flèches des vieilles églises. Avon, avec son curieux porche du XIIe siècle, Crissé et son château, les Roches-Tranche-Lion, dont l'église de la Renaissance achève de s'écrouler sur un coteau solitaire, font dans la campagne des tableaux variés et pittoresques.

Enfin la Vienne apparaît, et sur ses rives, voici l'Ile Bouchard, et Cravant, et Parçay, et Panzoult, et Rivière, toute une série d'églises romanes dont la dernière surtout, avec sa crypte, mérite une étude attentive. Et nous arrivons à Chinon, le pays rabelaisien, la terre des franches lippées, des copieuses beuveries, du rire et de la joie!

Sur le coteau, ce vignoble célèbre dont l'auteur de *Gargantua* a célébré les produits sur le mode lyrique, la bonne "purée septembrale" comme il disait en sa langue pittoresque offre ses ceps au soleil. Au temps de Rabelais, celui-ci était plus chaud apparemment qu'aujourd'hui, puisqu'alors on vendangeait en septembre. Il nous l'affirme en termes concluants: "En icelui temps, qui fut la saison des vendanges, *au commencement d'automne*." Tandis que maintenant on vendange presque toujours en octobre.

Quelle ne serait pas sa douleur, en voyant l'état de ruine où se trouve son beau château de Chinon! Un château, disons-nous et ce terme n'est pas tout à fait exact. Chinon, c'est plusieurs châteaux, c'est toute une colline garnie de murailles écroulées, de donjons, de tours et d'échauguettes. Ici l'on reconnaît encore la place où s'élevait le fort Saint-Georges, où se retranchèrent les Plantagenets, à l'autre extrémité la tour du Coudray, qui date de Philippe Auguste, entre les deux un château des XIIIe, XIVe et XVe siècles, où plane le grand souvenir de Jeanne d'Arc. C'est là qu'eut lieu la scène fameuse où la Pucelle vint droit au "gentil prince," qui se dissimulait dans la foule des seigneurs, et lui transmit les ordres du ciel. Hélas! il ne reste plus de ces bâtiments que des murailles délabrées, et quelques cheminées, parfois suspendues au-dessus du vide tragique laissé par l'étage effondré. La salle de Jeanne d'Arc n'a pas même été épargnée! Quel cataclysme social, quelle guerre accumula ces ruines? Est-ce la grande Révolution? En 1793, les châteaux étaient déjà depuis longtemps démantelés. C'est un homme d'Église, un ministre autoritaire et ami de l'ordre, le cardinal de Richelieu, qui commença à abattre ces murailles historiques. En 1699, son petit-neveu, héritier de son nom et sans doute de ses jalousies, acheva l'œuvre de destruction. En 1793, les commissaires de la Convention, ne voyant plus là que de vieilles pierres sans intérêt, les donnèrent aux salpêtriers. Ceux-ci avaient démoli "plusieurs gros murs et tours," enlevé "les parpaings formant les parapets des ponts-levis" quand la population chinonaise, craignant des écroulements, s'interposa. Et voici comment les murs du château royal furent réduits en poudre à canon.

Malgré ces vandalismes stupides, malgré les restaurations plus récentes, le château, de loin, a encore grand air. C'est de l'autre côté de la Vienne qu'il faut jouir de ce décor magnifique et tout à fait théâtral.

Au pied du château, le long du quai, jusqu'à mi-côte, se massent les maisons neuves et les vieilles demeures contemporaines de Charles VII. Ah! les vieilles maisons de Chinon, les boutiques et les auberges où Rabelais peut-être est venu s'asseoir et humer le pot, en disant des gaillardises! Voilà la maison où serait mort Richard Cœur de Lion, en l'an 1199. Cette enseigne en fer forgé nous apprend qu'ici était la boutique du tailleur qui *rapetassa* le pourpoint de Charles VII pour six sols et deux deniers. Et l'admirable Grand Carroi! et l'hôtellerie de la Lamproie! Et ces vieux pignons! et toutes ces tourelles dont les encorbellements saillissent dans presque chaque rue! Et les rosiers qui grimpent aux murailles et s'épanouissent sur les vieux logis! La plupart des touristes montent au château en courant, jettent deux ou trois cris haletants pour faire résonner l'écho, puis redescendent essoufflés et s'en retournent vers la gare. Ils n'accordent pas même un coup d'œil aux vénérables églises de Saint-Mexme (XIe et XIIe siècles), Saint-Maurice (XIIIe et XVe siècles), Saint-Étienne (XVe siècle).

Les malheureux! ils ne se doutent pas qu'ils laissent derrière eux une des villes les plus pittoresques parmi les plus réputées, où chaque maison a son souvenir, où chaque coin est un tableau, où l'on marche, comme en un rêve, dans une enluminure du xv⁰ siècle.

Rabelais est le roi du pays. C'est sa bonne figure épanouie que l'on rencontre à tous les pas. Seuilly, Lerné, la Roche-Clermaut, tous ces villages qui peuplent la rive gauche de la Vienne, évoquent par leur nom seul l'épopée héroï-comique, la dispute des bergers contre les fouaciers, et l'armée de Gargantua s'apprêtant à châtier ce félon de Picrochole, en exécutant des manœuvres que, paraît-il, ne désavoueraient pas les plus experts stratégistes.

Mais, au bout de cette vallée s'arrête le territoire de la joie. Le coteau, au pied duquel sont les ruines de Seuilly, où Rabelais fit des études, appartient à une nature plus sévère. Le château du Coudray-Montpensier, qui se dresse sur ce coteau, semble, à quelques années près, le contemporain d'Ussé. Ses tours à mâchicoulis, ses murailles énormes et crénelées n'évoquent pas de riantes pensées. Cependant le regard, de là-haut, découvre la vallée joyeuse que Chinon domine tout au loin. Mais si ces demeures des vassaux que nous voyons à nos pieds ont une apparence cossue, c'est le château lui-même qui paraît bien délaissé. L'herbe pousse dans la cour d'honneur, des vaches paissent auprès d'un vieux puits.—Pittoresque et mélancolie!—N'est-ce pas là le château que Théophile Gautier nous a décrit dans son *Capitaine Fracasse*?

Mais cette impression de mélancolie sera vite dissipée si, suivant le cours de la Vienne, nous regagnons Candes, à l'ombre des grands noyers, par une des plus belles routes de Touraine.

L'ancien château de la Boulardière que sa déchéance a transformé en ferme, le camp romain de Cissais, le dolmen de Pierre-Couverte, l'église (xii⁰ siècle) du Thizay, enfin l'église de Saint-Germain-sur-Vienne, avec ses sculptures primitives (ix⁰ ou x⁰ siècle), offriront des haltes intéressantes.

Si, de Chinon, on se dirige vers le Poitou on rencontrera

Champigny-sur-Veude. De ce château construit au début du XVIe siècle, ancien domaine des Bourbon-Montpensier et de Gaston d'Orléans, pas une pierre n'est debout. Les *communs* et la chapelle, qui, seuls, sont venus jusqu'à nous, nous prouvent quelle était l'importance de cette résidence princière, et quelle perte il faut déplorer.

L'auteur de cette dévastation n'est autre que le cardinal de Richelieu, ce grand constructeur de la monarchie, ce grand destructeur de châteaux. Il n'a pas dépendu de lui que la chapelle ne fût comprise dans la destruction générale. Mais il fallait l'autorisation du pape, qui était alors Urbain VIII. Par un hasard heureux, celui-ci, lorsqu'il était nonce, avait dit la messe au château des Bourbon-Montpensier. Il s'opposa à la démolition. Et voilà comment nous possédons encore l'incomparable série des douze verrières qui font la gloire de Champigny.

A qui attribuer ces chefs-d'œuvre? A Robert Pinaigrier, ont affirmé certains archéologues, c'est une opinion toute gratuite. Il semble bien, en tout cas, qu'il faille écarter l'hypothèse d'une œuvre italienne. Ceci dit, le plus simple est d'avouer notre ignorance et de nous réjouir des circonstances qui ont préservé ces merveilles.

Aux portes du château glisse silencieusement, entre deux rives de gazon, soie fauve sur velours vert, la petite rivière, la Veude. Elle nous conduit à Richelieu.

Une porte monumentale orne l'entrée de la ville. Par l'ouverture de cette porte, vous apercevez une large et belle rue. Et cette entrée semble bien majestueuse pour une cité campagnarde.

Cette impression de majesté rigide se continue dans la ville. A la longue, elle devient monotone. Chacune de ces maisons est d'apparence somptueuse, mais toutes sont copiées sur un type unique, avec une régularité implacable. Leurs façades sont alignées, comme des grenadiers, sur deux larges rues qui se croisent à angle droit, et aboutissent à quatre entrées monumentales toutes semblables les unes aux autres. Au centre de la cité, s'élève une église construite dans le lamentable style des églises du xvııᵉ siècle. Et, dans ce royaume de la symétrie, on est tout heureux d'apercevoir à l'intérieur d'une cour, un rosier grimpant, qui, rebelle aux ordonnances du grand cardinal, égaie une architecture austère du sourire de ses fleurs parfumées.

Si le cardinal de Richelieu rêvait une société bâtie sur ce plan dénué de toute fantaisie, comme il est heureux pour les hommes que les plus immortels d'entre eux ne soient pas pourtant éternels! Je sais bien que ce plan de société disciplinée jusqu'à l'ennui, Louis XIV l'a poursuivi. Mais, au xvıııᵉ siècle, quelle revanche ont prise la fantaisie et l'indocilité!

Malheureusement les œuvres d'art n'ont pas échappé à la grande démolition. Par un juste retour des choses, Cinq-Mars, Chinon, Champigny sont vengés. Du château somptueux que Richelieu a fait édifier par son architecte, Jacques le Mercier, de ce palais qui s'était substitué à l'humble castel des du Plessis, et dont les richesses émerveillaient le bon La Fontaine, il ne reste plus rien qu'un pavillon insignifiant.

Mais le souvenir du Cardinal a survécu à ce cataclysme, dans sa bonne ville de Richelieu. Et sur la grand'place, nous avons remarqué comme enseigne d'un chapelier, en souvenir sans doute du plus illustre client de la maison, un chapeau cardinalice.

D'ailleurs la prospérité de Richelieu a survécu à son grand protecteur. Elle fait le fructueux commerce des truffes. Et cette succulente spécialité gastronomique rappelle la Touraine amie de la bonne chère.

Toutefois nous sommes ici à l'extrême limite de notre province. Le ministre qui ne riait pas ne ressemble guère à un compatriote du jovial curé de Meudon. De même la nature prend ici un visage de sévérité qui fait contraste avec l'aménité de la Touraine. Aux toits d'ardoise ont succédé les toits de tuile. Nous entrons dans la région où les bœufs tirent la charrue, et cheminent au timon du char, côte à côte avec l'homme des champs. Celui-ci apprend, en vivant auprès d'eux, la patience et la placidité.

Ces marches du Poitou sont plus qu'une frontière historique. Elles sont une frontière morale.

Vallées de la Creuse et de la Claise. Nous trouvons une autre frontière, si, depuis l'endroit où elle se jette dans la Vienne, nous remontons le cours de la Creuse, la plus pittoresque rivière de la province. Elle coule entre des bords escarpés, parfois sauvages, ici, s'attardant apaisée à l'ombre des peupliers, là, précipitant sa course, écumant au pied de roches aux découpures bizarres, dont les grottes sans aucun doute ont abrité l'homme préhistorique, celui dont on retrouve les ouvrages primitifs, ces silex taillés, ces "livres de beurre" si abondantes, auprès du Grand Pressigny.

Le confluent se trouve à Port-de-Piles. Au temps où la cour des Valois démoralisait les provinces par le spectacle de ses désordres, on disait que Port-de-Piles marquait la frontière de la vertu, et qu'un homme du Midi ne devait à aucun prix épouser une femme née au nord de Port-de-Piles. Si la vallée de la Creuse, et celle de son affluent la Claise ont quelque chose d'idyllique, de frais, je dirais presque d'innocent, nous pourrons donc supposer que c'est parce que nous sommes entrés dans le domaine de la vertu. C'est pour cela sans doute que la sérénité de ces vallées trop peu connues a quelque chose de si pénétrant. Et voilà qui fera plaisir aux amis d'une morale austère.

On n'est pas du tout étonné de trouver ici la figure sérieuse de Descartes. Sa ville natale, La Haye-Descartes, est devenue industrielle. Et les papeteries bien connues occupent plusieurs centaines d'ouvriers.

Plus loin, La Roche-Posay nous offre la surprise d'une station prospère. Les "baigneurs" ont évidemment peu d'occasions de perdre en vaines dissipations le bénéfice de leur saison. Toutefois, pour rompre la monotonie des journées trop longues, ils ont des excursions magnifiques: les bords romantiques de la Creuse berrichonne, Crozant, Gargilesse et plus près, dans la province même, la paisible vallée de la Claise, le Grand Pressigny, Etableaux, avec leurs forteresses moyenâgeuses,

Preuilly qui est, avec son château, et son église romane, une des plus curieuses villes de Touraine. Au delà ce sont les grandes étendues crayeuses, les champs interminables, où le berger rêvant parmi son troupeau, se dresse isolé dans la plaine. Seul avec ses pensées dans un pays triste, il ne connaît pas l'aimable sociabilité des régions, où l'on échange des propos d'un champ à l'autre, où l'on fait la vendange en se disant des gaudrioles. Nature différente, autre race, le Berry s'étend devant nous.

Le nord de la Touraine. Le nord de la Touraine n'a ni la variété, ni l'aspect souriant des vallées que nous avons parcourues. Ce sont des plateaux monotones que des bouquets de bois, des fermes éparses, viennent égayer. Çà et là aussi se glisse une petite rivière: Choisille, Brenne et Ramberge.

En nous dirigeant vers le Nord-Ouest, dans la direction de l'Anjou, nous rencontrons sur notre route une magnifique allée couverte, la *grotte des fées*, comme on l'appelle dans le pays. Les fées ont un voisinage inquiétant: la maison de correction de Mettray, collège, ferme et prison tout ensemble, où l'on poursuit, et non sans succès, la tâche difficile de régénérer l'enfance pervertie. Non loin de là, se trouve le magnifique château de Baudry, l'ancien domaine des Bohier, où les étangs, parmi les bois, offrent des perspectives qui font penser à Versailles.

Puis la tour de Semblançay—vieux donjon de Foulques Nerra—se dressant au milieu d'un étang, vient rompre la monotonie du plateau. Du château de l'infortuné Semblançay, pas une seule pierre ne subsiste. Tout a péri dans sa disgrâce.

La fortune d'un poète est moins sujette à ces retours tragiques. Et le château de la Roche-Racan perpétue le souvenir du poète aimable des *Bergeries*, Honorat de Racan. Depuis que M. Louis Arnoult a rendu à Champmorin, dans la Sarthe, l'honneur d'avoir été le berceau du poète, la Touraine ne peut plus le revendiquer que comme un enfant d'adoption. Mais la famille de Bueil, dont il est issu, était tourangelle, et

tourangelle aussi la nature qui lui a inspiré ses strophes les
plus heureuses:

> Agréables déserts, séjour de l'innocence,
> Où, loin des vanités, de la magnificence,
> Commence mon repos et finit mon tourment,
> Vallons, fleuves, rochers, aimable solitude,
> Si vous fûtes témoins de mon inquiétude,
> Soyez-le désormais de mon contentement.

L'inquiétude dont il s'agit, c'est sans doute celle qui nous
est contée si plaisamment par Tallemant des Réaux.

Quand il courtisait celle que plus tard il épousa, "il voulut
la voir à la campagne avec un habit de taffetas-céladon. Son
valet Nicolas, qui estoit plus grand maistre que lui, lui dit:
'Et s'il pleut, où sera l'habit céladon? Prenez votre habit de
bure, et, au pied d'un arbre vous changerez d'habit, proche du
chasteau. — Bien, dit-il, Nicolas, je ferai ce que tu voudras,
mon enfant.'

Comme il relevoit ses chausses (c'estoit en un petit bois proche
de la maison de sa maistresse), elle et deux autres filles parurent.
'Ah! dit-il, Nicolas, je te l'avois bien dit! — Mordieu, répond
le valet, dépêchez-vous seulement.' Cette maistresse voulait
s'en aller, mais les autres, par malice, la firent avancer. 'Made-
moiselle, lui dit ce bel amoureux, c'est Nicolas qui l'a voulu.
Parle pour moi, Nicolas, je ne sais que lui dire.'"

Il faut croire que Nicolas parla comme il faut, car le 29 février
1628, Racan épousait à Tours la demoiselle, qui s'appelait
Madeleine du Bois.

L'église de Saint-Paterne, la paroisse de Racan, était, en
vérité, modeste. Mais elle possède des terres cuites (une
Adoration des mages, et une *Sainte Anne avec la Vierge enfant*)
qui proviennent de l'abbaye de la Clarté-Dieu, dont les ruines
se voient encore à quelques kilomètres de là, et qui sont parmi
les plus purs chefs-d'œuvre de la Renaissance déjà avancée.

Le village de Bueil, fief originaire de la famille de Racan,
est blotti dans un vallon, entre deux coteaux, non loin de là,
dans un joli site. Au-dessus des maisons s'élève la silhouette

bizarre de deux églises contiguës, qui communiquent l'une avec l'autre. La plus vaste des deux, la collégiale, date de la fin du xive siècle et renferme d'intéressantes statues tombales.

Un autre domaine de cette puissante famille de Bueil était le château de Vaujours, dont les ruines impressionnantes se cachent dans la forêt, vers les confins de la Touraine et de l'Anjou.

Il faut se glisser, pour y pénétrer, par le chemin des couleuvres, à travers les ronces. Et c'est un plaisir pour l'archéologue de reconstituer par la pensée les parties détruites, de préciser l'emplacement des tours, de la chapelle et du donjon, de délimiter ce qui appartient à chaque époque, de reconnaître qu'au xve siècle un château fut érigé au milieu de l'antique forteresse, contemporaine des croisades.

Près de là sommeille un grand étang, qui jadis entourait le château complètement. Il s'est retiré, laissant derrière lui un sol vaseux hérissé de roseaux. De sorte que la brise qui ride doucement la surface des eaux donne, en passant sur les roseaux, l'illusion de promener sa caresse sur une autre nappe plus verte aux ondes argentées.

A l'autre extrémité de l'étang, dévalent vers la rive, les maisons blanches de Château-la-Vallière. Le bord de l'étang est le domaine des pêcheurs à la ligne. Chacun a son estacade de bois, place réservée, qu'une clôture fermée à cadenas interdit aux intrus. Là, assis de distance en distance, immobiles comme des hérons, ils passent la journée d'une façon très sage, à regarder l'ombre mouvante des nuages errer sur les eaux.

Louise de la Baume Le Blanc! C'est elle surtout dont on évoque ici le souvenir. Du château de la fameuse favorite à laquelle Château-la-Vallière dut d'être érigé en duché, il ne reste, pour ainsi dire, aucune trace. A peine quelques fossés et quelques douves marquent la limite de son château, à la place duquel s'élève aujourd'hui une insignifiante bâtisse moderne.

Son souvenir se retrouve, plus vivant, à Reugny, dans le manoir de sa famille. Une porte crénelée du xve, un pavillon du XVIe siècle, en vérité, sans grande beauté, voilà tout ce qui subsiste. Mais le souvenir ajoute sa poésie à celle des choses, et le vallon de la Brenne, où se trouve ce manoir, est un des plus charmants de Touraine.

C'est un des rares coins du pays au nord de la Loire, où l'on trouve quelques beaux châteaux, tels que Valmer, La Côte ou Jallanges. A Vernou on voit encore de bien curieuses ruines mérovingiennes ou carolingiennes, que l'on appelle dans le pays, palais de Pépin le Bref.

Remonter la rivière vers sa source est une promenade délicieuse. Pourquoi faut-il que ces eaux soient polluées, à Châteaurenault, transformées par les tanneries en une sentine fétide? Les nécessités prosaïques de l'industrie sont parfois bien affligeantes. Il est juste toutefois d'observer que ce mal est compensé ici par la qualité des produits. Les peaux tannées à Châteaurenault font prime, paraît-il, sur tous les marchés du monde. Un vieux château, une sorte de beffroi hourdé, le pan d'un haut donjon, ajoutaient naguère quelque pittoresque à cette petite ville, enveloppée, par ses usines, d'une atmosphère fuligineuse. Le château, il y a quelques années, brûla en partie, de sorte que Châteaurenault semble morose et dépourvu d'agrément à ceux que n'intéresse pas spécialement cette industrie des peaux tannées.

La Ramberge, une autre petite rivière qui sort des bois de l'ancienne abbaye cistercienne de Fontaine-les-Blanches, arrose une discrète et aimable vallée, où l'on remarque les châteaux de Pocé et de Saint-Ouen.

C'en est fini maintenant de la grâce des paysages tourangeaux.

Nous sommes dans cette partie aux horizons attristés, que l'on appelle la *queue de Beauce*. Ce n'est qu'un mauvais moment à passer.

La vallée du Loir. En approchant de Vendôme, la campagne retrouve son sourire. Le tableau, dans certains endroits, à Lavardin ou à Montoire, par exemple, se composerait même plutôt mieux que dans les vallées tourangelles. Autour des prairies plantureuses, où vont et viennent avec souplesse les boucles bronzées du Loir, des collines plus élevées enclosent l'horizon de masses, plus fermes, plus altières que les coteaux de la province voisine.

Ce Loir est une rivière charmante. Elle donne à Vendôme une séduction toute spéciale. A chaque instant on la retrouve, faisant dans la verdure des peupliers une perspective, à la fois paisible et vivante, au fond de laquelle s'élance la flèche d'un clocher roman. Là, elle baigne de vieux pignons, ici, elle reflète une porte crénelée, reste important de l'enceinte du xve siècle. Le Loir faisait à Vendôme une autre enceinte, mouvante et pacifique, s'enroulait autour de ses murs, comme une ceinture de fraîcheur. Au sommet de la colline, humilié par les siècles, envahi par les lierres, le château fort du moyen âge, n'est plus qu'une ruine pittoresque, un ornement pour la cité. Des seigneurs aux noms effrayants, Bouchard Chauve-Souris, Bouchard le Vénérable, en avaient fait cependant une forteresse redoutable. Mais ils eurent parmi leurs descendants un certain Foulques l'Oison, et cet oison malheureux n'échappa pas à la broche de son voisin Geoffroy Martel, de sorte que le domaine des Bouchard tomba aux mains des comtes d'Anjou. Ceux-ci suscitèrent auprès d'eux une puissance qui devint bientôt de force à leur tenir tête.

Un soir, ceci se passait au xie siècle, comme Geoffroy Martel et sa femme Agnès, du haut de leur château, regardaient la vallée ténébreuse, ils virent une flamme mystérieuse, un feu follet, sans doute, apparaître et disparaître, se poser sur le même point par trois fois. Ils jugèrent que ce prodige était un ordre du ciel. Et sur le point où cette flamme s'était posée, ils fondèrent une abbaye, qu'ils dédièrent à la Sainte Trinité et confièrent aux moines de Marmoutier. L'abbaye prospéra de telle sorte, que le pape conféra aux abbés un titre cardinalice, privilège permanent et inhérent à leurs fonctions.

Nous avons conservé, de cette église primitive, l'admirable tour romane, isolée à quelques pas de l'église, et qui rappelle, en moins imposant, mais en plus élégant peut-être, le clocher vieux de Chartres. Quant à l'église du xve siècle, son archi-

tecture, surchargée de mouchettes, de gâbles, de niches et de
fleurons, de dentelles qui courent jusque sur l'intrados des
arcs-boutants, cette architecture riche, tourmentée tout ensemble, flamboyante à l'excès, convient à merveille à une
basilique dont une flamme fut l'origine.

Cette fin de la période gothique se fait pardonner son exu-
bérance par son inépuisable fantaisie. Les stalles de la Trinité,
par exemple, sont amusantes comme les enluminures d'un vieux
missel. Chaque miséricorde est une petite scène grotesque ou
familière. On y voit un *hérault d'armes*, un *joueur de cornemuse*,
un *paysan avec sa hotte*, un *vieux buveur*, etc., autant de ren-
seignements précieux sur la vie au xve siècle. Et la riche clôture
Renaissance achève de rendre cette église des plus intéressantes
pour l'archéologue, et même pour le simple touriste.

Cet édifice, et les autres églises de Vendôme, Saint-Jacques
(xiie siècle) dont la curieuse décoration de coquilles rappelle
qu'ici s'arrêtaient les pèlerins de Compostelle, la Madeleine
(xve siècle), Saint-Martin (xvie siècle), attestent l'importance
de la ville au moyen âge. Les guerres de religion vinrent ruiner
cette prospérité. Excédée par le fanatisme de Jeanne d'Albret,
qui, possédant alors Vendôme, voulut lui imposer la Réforme,
la ville se jeta dans la Ligue. Et plus tard, quand Henri IV
voulut s'emparer de Vendôme, celle-ci, qui, sans doute, re-
portait sur le fils la rancune qu'elle gardait à la mère, entreprit
de lui résister. Tentative héroïque, mais folle! La ville fut
pillée et malmenée par les soudards, et son gouverneur fut
pendu!

C'est Henri IV également qui démantela et éventra le château
de Lavardin. Sur sa haute colline, cette formidable ruine semble
avoir été tranchée en deux par l'épée d'un de ces fabuleux
géants des romans de chevalerie, qui abattaient une tour d'un
coup d'estoc. Les broussailles qui s'agrippent aux fossés, les
éboulis du rocher, le chaos des pierres écroulées, tout cela fait
le désordre le plus pittoresque du monde. Au pied du château,
le Loir glisse sous un vieux pont, entre deux rangées de peupliers. Et voilà un des tableaux des plus complets que l'on

puisse rêver. Le peintre, Charles Busson, a passé sa vie à reproduire les aspects du Loir, entre Lavardin et Montoire. Nul ne pourrait mieux rendre les grâces romantiques, la lumière blonde et légère de cette contrée privilégiée, qui a, grâce à lui, sa place dans l'histoire du paysage français.

Nous céderions volontiers à la tentation de prolonger notre promenade le long de cette rivière charmante, de poursuivre jusqu'à Montoire, dont le château en ruines partageait avec Lavardin la domination du pays, jusqu'à Troô, l'extraordinaire village de troglodytes, dont les habitants vivent dans les terriers, à la façon des lapins, jusqu'au pays de Ronsard. Qui donc pourrait oublier Ronsard dès qu'il aperçoit:

> Le Loir, tard à la fuite;
> En soy s'esbanoyant?

Nous visiterions son château de la Poissonnière, l'église de Couture, où furent ensevelis ses parents, la forêt de Gastine pour laquelle s'est réalisée sa triste prophétie:

> Tu deviendras campagne, et au lieu de tes bois,
> Dont l'ombrage incertain lentement se remue,
> Tu sentiras le soc, le coutre et la charrue.

Les œuvres de Ronsard en mains, dans cette nature douce et belle, cette promenade nous entraînerait bien loin de notre Touraine. Et nous nous réveillerions enfin en territoire interdit, dans le Maine ou dans l'Anjou.

III. LES PRODUITS DU SOL. FAUNE ET FLORE

Sous ce ciel clément de la Touraine, il va de soi que dans les vallées, là où l'humus est généreux, fleurs, légumes et fruits viennent à terme de bonne heure et en abondance. Le long des falaises exposées au Midi, sur la côte de Rochecorbon et de Vouvray, par exemple, mûrissent des primeurs, non seulement des fruits du pays, mais des plantes méridionales, telles que le grenadier et l'olivier, dont la culture se ferait avec succès en Touraine, si elle était plus profitable.

Dans certaines régions particulièrement fertiles, comme le
canton de Bourgueil, on pratique non seulement la culture du
blé, du chanvre et de la vigne, mais d'autres cultures plus rares,
telles que celles de la coriandre, la réglisse ou l'anis. Quant aux
légumes, cette terre est tellement généreuse qu'elle donne parfois plusieurs récoltes par an.

La grande richesse du pays, c'est, bien entendu, la vigne.
Ce qu'on sait moins, c'est qu'on devrait à saint Martin cette
culture fructueuse. Et ce bienfait ne dût pas être inutile à la
popularité du saint en Touraine. Ce sont les moines de Marmoutier qui auraient appris aux Tourangeaux l'art de diriger
la croissance du cep, de préparer la récolte.

Quelles sortes de cépages cultive-t-on? Rabelais, qui s'y
connaissait, nous dit qu'au xvie siècle, on cultivait déjà: "Les
pineaux[1], les fiers, les muscadeaux et la bicane." On pourrait
ajouter encore les cots savoureux, les nobles[2], les muscats, le
breton, les grolots aigrelets, le gros noir, qui est un plébéien
dans cette hiérarchie, enfin, depuis que le phylloxéra, cette
peste des vignobles, a répandu ses ravages, les robustes plants
américains, qui, certes, auraient attristé Rabelais. Les crus
les plus réputés sont ceux de Bourgueil, de Chinon[3], de Joué,
de Saint-Avertin, de Vouvray. Ce dernier est un vin blanc très
capiteux, les autres ont un bouquet délicat, mais étant faibles en
alcool, se conservent moins aisément que les bons vins du Midi.

Dans cette verdoyante Touraine, il est assez surprenant de
constater que les très beaux arbres sont rares. Il y a certes de
belles futaies, dans les grandes forêts de Blois, d'Amboise, de
Loches, ou de Chinon. Mais ces gigantesques centenaires, ces
chênes aux robustes structures, de l'Ile-de-France, ceux de
Fontainebleau par exemple, ces vieux amis de Rousseau ou
de Dupré, n'ont pas leurs pareils en Touraine.

[1] Les pineaux sont cultivés plus particulièrement dans les régions de
Vouvray et de Montlouis.

[2] Le cot et le noble fournissent les crus de Joué et Saint-Avertin.

[3] Bourgueil, Chinon, vins qui ont l'un et l'autre un parfum très
savoureux de framboise.

Quant aux animaux qui peuplent les pâturages, aux bêtes sauvages, aux gibiers, de plus en plus rares, qui ont leurs nids ou leurs tanières dans les champs ou dans la sylve, ce sont, à peu de chose près, les mêmes que dans l'Ile-de-France. Les loups ont presque disparu. Les bons veneurs arrivent chaque année à forcer quelques douzaines de chevreuils et de sangliers. Quant aux faisans, perdreaux et lièvres, que les chasseurs gémissent de rencontrer de moins en moins, il faudrait admirer plutôt l'adresse de ces bêtes subtiles, qui, guettées par les braconniers —et chaque vigneron cache un fusil sous un cep—qui, décimées méthodiquement par les chasseurs, arrivent à se dissimuler parfois, et n'ont pas encore disparu, malgré tant d'ennemis ligués contre leur existence.

Néanmoins les races les plus appréciées des gourmets sont en passe de disparaître. Frippesaulce, Hoschepot, et Pilleverjus, cuisiniers de Grandgousier, auraient grand'peine à servir à leurs hôtes les hécatombes de perdrix, de bécasses, de gélinottes, d'outardes, de sarcelles, de pluviers, de butors qu'ils apprêtaient jadis pour la table de Gargantua.

Les pêcheurs se lamentent de même. Cependant, quand on flâne au bord des rivières, on voit filer prestement des ombres vertes; un éclair d'argent vient briller parfois audacieusement à la surface, fait un ploc! et disparaît. C'est une ablette, un goujon, un gardon, une brême, ou parfois même quelque carpe, ou quelque brochet. Et l'on constate alors que nos rivières sont loin d'être dépeuplées.

Chaque printemps amène dans la Loire un poisson des plus exquis, l'alose, dont la chair blanche et fine fait le régal des gourmets. Elle est la reine de nos rivières. Aucun poisson d'eau douce ne saurait être comparé à une alose de Loire, belle et fraîche.

D'élevage à proprement parler, en Touraine, il y en a peu. Cependant il s'y trouve quelques beaux troupeaux, et des fermes importantes. En outre chaque paysan possède quelques vaches, quelques chèvres, que l'on fait paître au long du chemin, aux dépens de la communauté. Quand l'automne arrive, les femmes effeuillent les branches des ormeaux et des chênes, pour la provision des vaches pendant l'hiver. Et l'on se demanderait quel automne précoce a dépouillé ainsi, le long des haies, les arbres de leur feuillée.

La Touraine a aussi une certaine réputation pour ses oies et pour ses dindons.

Un étranger serait atterré d'entendre la menace suivante:

"Pour Noël, cette année, nous tuerons un Tourangeau, et nous le ferons rôtir."

Le Tourangeau dont il s'agit, c'est un dindon. Et c'est le Tourangeau lui-même, je parle de celui qui pense ou tout au moins qui a cette prétention, l'électeur, enfin, qui a donné à ce mot cette acception peu flatteuse.

On voit qu'il a le caractère bien fait et qu'il comprend la plaisanterie. Mais avant d'approfondir davantage le caractère du Tourangeau, il est temps d'exposer brièvement son histoire, et les évènements qui ont façonné son tempérament et ses aspirations.

LA VIE

I. L'HISTOIRE

L'HOMME est fait à l'image de sa terre natale. Il serait donc intéressant de connaître l'histoire du sol, les lentes conquêtes de la terre sur l'eau, tandis que notre douce Touraine montait du fond des mers, pour apparaître enfin à la surface, puis les épouvantables retours de l'Océan, qui recouvrait à nouveau notre sol, s'efforçait de le reprendre et enfin la victoire définitive de la terre. Il y a d'abord la période jurassique, celle des lentes préparations calcaires dont le témoignage se retrouve dans les couches les plus profondes, puis la période crétacée, l'ère du *golfe de Tours* et de l'*isthme de Poitiers*, qui a laissé les dépôts de grès vert, de craie tuffeau et de craie blanche. La pierre de Bourré, dont on a souvent parlé, appartient à cette formation. Vient ensuite la période de la molasse, le début de l'époque tertiaire. Toute la partie de la province qui se trouve au sud de la Vienne surgit alors au-dessus des mers. Dans le bassin d'eau salée qui recouvre le reste, le terrain de molasse dépose ses couches d'argile, de grès, de sables, de poudingues et de limons ferrugineux. Puis les eaux marines se retirent. Le sol de la Touraine apparaît presque en entier. Au centre cependant, s'est formé un grand lac d'eau douce qu'alimentaient l'Indre, l'Indrois et la Vienne; de la période lacustre datent les couches de calcaires nymphéens, de silex, de meulières et d'argiles vertes. Un nouveau cataclysme rend à la mer le bassin qu'elle avait évacué. Elle forme la mer des falunières, qui a laissé dans notre province, à Manthelan, à Bossée, à Sainte-Catherine, à la Chapelle-Blanche, ces prodigieux dépôts de coquilles, qui sont une de nos grandes curiosités, une de nos richesses aussi, car rien ne vaut, paraît-il, comme engrais, ces couches de fossiles amoncelés. La période des faluns est celle de la navigation tropicale, où vivait un monde fantastique de rhinocéros, d'hippopotames, de crocodiles, de mastodontes, de dinothères gigantesques, qui ont laissé sur nos rivages leurs squelettes effrayants. Enfin la Touraine est soulevée à cent cinquante mètres au-dessus de la mer. Celle-ci est refoulée, pour toujours. Cependant le plateau de Bossée offre encore par ses horizons fuyants le témoignage de ces formations marines. Des marécages, de grandes nappes d'eau couvrent cette région. Il faut citer notamment le grand étang du Louroux, où le poisson pullule. Les pêches extraordinaires qui se font ici tous les deux ou trois ans, quand on vide l'étang, font accourir les curieux et les marchands de bien loin à la ronde. Quatorze à quinze mille kilos de poissons sont alors mis à sec, et les bords de l'étang se transforment ces jours-là en un joyeux et pittoresque marché. On se croirait au bord de la mer, à l'heure de la marée.

L'ère géologique est close. L'homme a fait son apparition. Nous ne suivrons pas cette période à travers ses différentes phases, ni les préhistoriens à travers leurs hypothèses, bâties, nous semble-t-il, sur des déductions très ingénieuses, mais bien fragiles encore. Toutefois la Touraine offre à cette science en formation des faits incontestables, par exemple, les polissoirs de Ferrière-l'Arçon, de Saint-Cyr, ou de Luzillé, ou ces silex taillés, ces "livres de beurre" dont l'abondance aux environs du Grand Pressigny fit l'admiration du congrès préhistorique, en 1910. Il y avait là évidemment un atelier des plus importants. Les ouvriers tailleurs de silex ont-ils été surpris en cours de travail par quelque invasion inattendue? On pourrait le supposer, à voir le grand nombre de ces instruments primitifs laissés inachevés dans les champs, sur une étendue de quelques hectares. Quant aux monuments mégalithiques, ils sont également nombreux dans notre province et il y en a de très importants, ceux de Saint-Antoine du Rocher, de Saint-Maure, de Saint-Lazare, de Briançon, de Ligré, de Thizay, pour n'en citer que quelques-uns. Mystérieux survivants de peuples puissants, dont nous savons seulement qu'ils furent nos lointains ancêtres ! Ceux qui ont remué ces masses titanesques, sans doute ces fameux Ligures, qui furent, selon M. Camille Jullian[1], les premiers occupants de toute l'Europe occidentale, étaient faibles cependant, n'étant armés que de pierres. Ils furent donc refoulés par les hommes armés de bronze, puis ceux-ci par les Celtes, armés de fer. Flots successifs qui forment la race gauloise. Celle-ci se transformera à son tour, et après les invasions romaines, wisigothiques et franques, deviendra la population de notre pays, telle que nous la voyons aujourd'hui.

Ces âges reculés ont laissé peu de traces dans notre province, et les vestiges que l'on retrouve n'intéressent que les purs archéologues. L'époque romaine nous en a légué davantage. Et il est plus facile, à partir de ce moment, de reconstituer l'histoire de notre sol. Les populations de Touraine, comme celles de tout le reste des Gaules, ayant vainement tenté de résister à César, semblent s'être résignées assez facilement à la conquête. Et les monuments qui sont parvenus jusqu'à nous, les aqueducs de Luynes ou de Contré, le temple d'Yzeures, l'amphithéâtre de Tours, les voies romaines, dont on retrouve encore les vestiges, nous prouvent l'importance des travaux qui furent alors entrepris et la prospérité qu'ils procurèrent aux cités et aux campagnes. Cæsarodunum devint la capitale de la troisième Lyonnaise, qui comprenait à peu près les futurs territoires de la Bretagne, du Maine, de la Touraine et de l'Anjou. Et une inscription nous apprend qu'elle avait reçu le titre de ville libre.

Vers cette époque, le christianisme avait pénétré en Touraine. C'est d'abord, au IIIe siècle, la mission de saint Gatien. Saint Martin (à la fin du IVe siècle), sur lequel nous avons des témoignages plus certains, fait triompher la foi nouvelle.

Cependant voici la terrible marée des invasions qui approche. Les Tourangeaux se fortifient à la hâte, comme le prouvent l'enceinte de Tours et la forteresse de Larçay, sacrifient leurs temples et leurs amphithéâtres, pour en bâtir des remparts. Vaine résistance. Les pillages succèdent aux pillages. Enfin, vers 472, les Wisigoths s'installent en maîtres dans nos régions.

[1] *Histoire de la Gaule*, tome I, chap. IV. (Paris, Hachette et Cie, 1909.)

Leur domination est courte. En 507, par la victoire de Vouillé, Clovis les repousse au sud de la Loire. Et ils en sont réduits à se venger de leur défaite par le martyre de l'évêque de Tours, saint Volusien. Doit-on accepter l'hypothèse de certains historiens qui placent à Tours le baptême de Clovis? Ils font ressortir l'intérêt politique qu'il avait à accomplir cet acte le plus près possible des populations qu'il désirait conquérir, au sud de la Loire, et à attirer à la cérémonie quelques-uns de leurs évêques. Le martyre de saint Volusien, enfin la dévotion que Clovis avait pour saint Martin sont également des arguments. On ne voit pas bien quel avantage le roi franc aurait eu à choisir la ville de Reims pour y recevoir le baptême. Mais cette cité a pour elle la tradition. Elle invoque un autre argument, encore négatif, il est vrai, le silence de Grégoire de Tours, qui n'aurait pas négligé, dit-on, la gloire que cet évènement aurait fait rejaillir sur sa ville épiscopale. Nous avons exposé les deux opinions et les raisons principales qu'elles invoquent. Les lecteurs apprécieront. Ce qui est certain, c'est que sainte Clotilde, la femme de Clovis, vint terminer ses jours auprès du tombeau de saint Martin, et que ce tombeau, à l'époque mérovingienne, devint le sanctuaire national de la monarchie. De siècle en siècle, il prit une importance de plus en plus grande, et par l'affluence croissante des pèlerins, et par le droit d'asile qu'il offrait aux criminels et aux proscrits. Ce droit provoqua les épisodes tragiques que nous a contés Augustin Thierry, d'après l'illustre évêque historien, Grégoire de Tours.

Pendant ces temps troublés, la Touraine passait de Clodomir à Clotaire, de Caribert à Sigebert, puis était disputée entre ce prince et Chilpéric.

"Hélas! s'écriait Grégoire de Tours, la culture des lettres menace de déserter nos villes, si elle n'est réduite à périr! Malheur à notre temps, parce que l'étude des lettres a péri pour nous!"

La Touraine appartenait successivement à la Neustrie et à l'Austrasie selon les vicissitudes des partages et des guerres.

Mais de nouvelles invasions se préparaient: celles des Arabes et des Normands, attirés les uns et les autres par les trésors de Saint-Martin. Charles Martel arrêta les premiers en 732. Et la lande de Miré, entre le Cher et l'Indre, que l'on appelle dans le pays la "lande de Charlemagne," marque sans doute l'emplacement d'un des engagements de cette bataille qui se poursuivit entre Tours et Poitiers.

Charlemagne vint plusieurs fois à Tours, et son règne marque pour la Touraine une ère de tranquillité.

Alcuin, son ministre et son précepteur, abbé de Cormery et de Saint-Martin, donna un éclat très grand aux ateliers de moines calligraphes, qui existaient en Touraine, dès le temps de Grégoire de Tours.

Mais avec les Normands reparurent les grandes terreurs. En 853, il y eut une première attaque, qui se renouvela cinquante ans plus tard. Saint-Martin fut incendié, beaucoup d'églises dévastées.

La Touraine se remettait à peine de ces dures épreuves, que commença la longue lutte entre les comtes de Blois et les comtes d'Anjou. Foulques Nerra, qui convoitait la ville de Tours, l'investit méthodiquement, éleva une ceinture de donjons, qui l'entouraient de toutes parts. A Loches, à Langeais, à Montbazon, aux Brandons, à Semblançay nous retrouvons encore des vestiges de ces ouvrages redoutables.

Enfin la maison de Blois succomba définitivement, en 1044, à la bataille de Nouy. La Touraine suivra désormais la fortune de la maison d'Anjou. Elle fera donc partie des possessions des rois d'Angleterre, et subira les conséquences de la rivalité des Plantagenets et de leurs suzerains, les rois de France. Elle vit passer le corps de Henri II, mort à Chinon en 1189, lorsqu'on le transporta à Fontevrault, où, pour la pompe de sa toilette suprême, on ne trouva d'autre couronne à lui mettre que la frange d'or d'un vêtement de femme. Et c'est dans la même ville que mourut son fils, Richard Cœur de Lion, qui vint reposer à côté de lui, uni à son père dans la mort, après la cruelle désunion de leur vie.

Enfin, quand Jean Sans Terre eut assassiné son neveu Artus,

duc de Bretagne, Philippe Auguste saisit cette occasion pour lui confisquer la Touraine. En 1204 et 1205, les villes de la province s'ouvrirent l'une après l'autre aux armées du roi de France.

Comme on le voit, le dicton qui prétend que "jamais femme de Tours ne vit la fumée d'un camp ennemi" est quelque peu exagéré. Environ cent cinquante années plus tard, la guerre de Cent Ans ramènera l'Anglais sous nos murs. Et ce sera une grande pitié pour le paysan. Les soudards fouleront sa récolte, crouleront tous les fruits des arbres, brûleront sa ferme et parfois même massacreront ou rançonneront les siens. Jacques Bonhomme alors n'aura plus d'espoir qu'en Monsieur saint Martin; ou encore en Madame sainte Catherine de Fierboys, dont on racontera moult beaux miracles et qui sera tout à fait du parti des Armagnacs, contre *godons* et Bourguignons.

Toutes ces tristesses, cependant, furent profitables à la Touraine. Les rois de France, réduits à se réfugier dans les châteaux du centre de la France, prirent le pays en affection. Tours devint une véritable capitale. Les souverains et les riches bourgeois, enrichis par eux, s'entourèrent d'une pléiade d'artistes. Alors naquirent les châteaux fameux. Ce fut la grande période de la Touraine.

Charles VII aurait pu être appelé le roi de Tours et de Chinon, à plus juste titre encore que le roi de Bourges. Louis XI continua à demeurer au Plessis-les-Tours, où son père avait terminé ses jours. Ensuite les souverains se rapprochent de Paris de plus en plus. Charles VIII ne s'éloigne pas beaucoup du Plessis. Il réside à Amboise. Louis XII qui, pourtant, avait été proclamé "le père du peuple" à Tours, aux États Généraux de 1506, partage ses faveurs entre Amboise et Blois. François Ier, roi fastueux et volage, élevé en partie à Amboise, accomplit des merveilles à Blois, à Chambord, enfin se laisse accaparer tout entier par les magnificences de Fontainebleau. Dès lors les souverains délaisseront de plus en plus la Touraine. C'est comme une amitié qui peu à peu s'éloigne, espace ses visites, et finit par oublier tout à fait. Blois verra encore de beaux cortèges et de grands évènements sous les derniers Valois. Mais il fallut que Henri III fût chassé de sa capitale révoltée, pour se réfugier au Plessis, et pour transférer à Tours, dont il connaissait la fidélité, son Parlement et sa chambre des comptes.

Tours avait bien gagné cet honneur. Car les guerres de religion lui avaient coûté cher. Les bandes protestantes lui avaient fait payer cruellement les violences qu'en d'autres lieux la religion avait souffertes.... Cependant les représailles qui avaient suivi la conjuration d'Amboise n'étaient pas imputables aux Tourangeaux. L'année 1562 fut une sombre période pour notre province. Toutes nos églises furent dévastées par les Huguenots de Condé, les trésors de Saint-Martin et de Marmoutier mis à sac.

La Touraine ne se releva pas de cette catastrophe. Les deux siècles suivants virent sa déchéance s'accentuer. La crise des soieries vint dépeupler la ville de Tours. Au xviie siècle, la guerre entre Louis XIII et sa mère qui s'était évadée de Blois, apporta un instant de trouble dans la province.

La révocation de l'Édit de Nantes acheva de ruiner la cité tourangelle.

Et le vandalisme révolutionnaire, s'il accomplit à peu près toutes les dévastations qu'il put, ne trouva plus beaucoup de trésors à saccager. Certains châteaux, tels que Loches, furent épargnés, car ils semblaient précieux pour servir de prisons. D'ailleurs notre province fut une des moins éprouvées par la grande tourmente.

Parmi les plus féroces Jacobins, nous trouvons, le croirait-on? le bon Bouilly, l'innocent auteur des *Contes aux enfants de France*. Dans ses *Récapitulations*, il fait patte de velours, et se présente comme l'héroïque défenseur de toutes les libertés. Il faut se défier de ses protestations intéressées.

Quand on apprit l'approche des Vendéens, des "brigands," comme on disait, ce fut pour les Tourangeaux une grande terreur. De Paris on envoya, au secours des trembleurs, Santerre avec une troupe de bons sans-culottes. Mais quand ils furent arrivés à Tours, ces terribles soldats s'y trouvèrent si bien, qu'il devint impossible de leur faire poursuivre leur route. Santerre proclamait en public qu'il fallait tuer les magistrats. La chose faillit tourner au tragique. Enfin l'on parvint à se débarrasser de cette troupe turbulente. Et d'ailleurs le danger vendéen était déjà écarté.

La bourrasque passée, la Touraine redevint la plus calme province de France. Les évènements de 1870 la réveillèrent pourtant de sa quiétude. La destinée de Tours est de redevenir capitale aux heures des grands désastres. Les membres du Gouvernement de la Défense nationale s'y installèrent, du 13 septembre au 9 décembre: Crémieux d'abord, puis Glais-Bizoin et l'amiral Fourichon. Bientôt enfin apparut le ballon qui amenait Gambetta; ce fut une époque d'angoisses chaque jour renouvelées. Nous avons vu passer alors les débris de notre héroïque armée. Après le combat de Monnaie, les troupes débandées et démoralisées, fuyards et blessés, traversèrent notre ville. Ce fut un très long et très lugubre défilé. Puis Tours fut bombardé. Et les femmes de cette cité revirent une armée ennemie.

La Touraine a connu depuis lors quarante ans de tranquillité. Elle a bien employé ces quarante années-là. Et sa prospérité actuelle est une preuve de son travail.

II. L'HOMME

En dépit de sa réputation, d'autant plus invétérée qu'elle est attestée par une citation apocryphe, le Tourangeau, que l'imperator aurait qualifié "d'imbellis et mollis...[1]" et que le Tasse a défini "non è gente robusta ò faticosa," ce Tourangeau travaille, mais à son heure et aux choses qu'il aime. Il ne veut pas se fatiguer, c'est vrai, mais il ne veut pas non plus s'ennuyer. Il jouit de la vie, qu'il trouve bonne, et de son spectacle qu'il trouve amusant. C'est un sybarite et un philosophe.

L'histoire, quand on la résume, comme nous l'avons fait, donnerait à croire qu'il a eu, au cours des âges, sans cesse

[1] En réalité, il n'y a rien de tel dans César.

à lutter pour son foyer. Non! Si l'on veut bien réfléchir, depuis l'invasion des barbares, il n'a eu vraiment à souffrir dans ses biens et dans sa personne que quatre ou cinq fois en quatorze siècles. Qu'est-ce auprès de nos provinces du Nord et de l'Est? Encore l'ennemi arrivait-il fatigué par une longue lutte, prêt à subir l'influence apaisante et même déprimante du pays. Il ne demandait qu'à déposer sa cuirasse, à dénouer sa ceinture, et à jouir des douceurs d'une nature qui l'étonnait, étant pour lui si nouvelle.

De sorte que le Tourangeau n'a pas appris les fortes haines contre l'étranger, les belliqueuses dispositions des pays sans cesse en éveil contre un danger imminent. Il aime pourtant sa terre natale, qui lui fait la vie si douce, mais d'un amour qui n'a rien de jaloux ni d'agressif. Et les invasions, pour lui, sont un peu comme les débordements de la Loire, qui, une fois ou deux au cours des siècles, viennent dévaster ses champs. Elles sont si rares qu'il n'y croit pas. Et il compte sur ses voisins— en cela il a tort, j'en conviens—pour écarter de lui le danger.

La nature ne lui a pas non plus enseigné la lutte. Elle est si facile à discipliner! si généreuse dans ses dons! Pas de rigueurs de saisons qui apprennent au corps à souffrir! Mais, dans les vallées surtout, une atmosphère émolliente, qui engourdit la volonté et provoque la somnolence. A Tours, en particulier, cette influence déprimante est très sensibie à l'observateur.

De bons vins, de beaux fruits, de belles fleurs, un doux climat, voilà plus qu'il n'en faut pour donner le goût de la jouissance et du luxe.

A ces tentations naturelles, d'autres sont venues s'ajouter. Les princes, les riches étrangers ont donné au Tourangeau le spectacle, peu édifiant, il faut l'avouer, d'une fête perpétuelle, et de magnificences qu'il ne pouvait pas s'empêcher de jalouser en secret.

Aussi aime-t-il la toilette, ainsi que les "nopces et festins." Un proverbe justifié nous enseigne ceci:

"A Orléans, on dépense moins que ses revenus, à Blois, on les dépense, à Tours, on dépense son fonds par surcroît."

Et puis le Tourangeau est un vigneron avant tout. Vigneron;
et optimiste, il compte que la récolte sera bonne. Et il en
dispose par avance. Quelle que soit son aisance pourtant, il
ne peut pas, le paysan tourangeau, le petit citadin, s'offrir les
fantaisies coûteuses des grands seigneurs, dont les largesses le
font rêver. Alors il est un peu jaloux. C'est son vice. Et il
se console en s'offrant le seul amusement qui ne coûte rien.
Il se divertit au spectacle que lui donnent les gens. Il raille
ses voisins et lui-même.

N'allez pas croire cependant qu'il soit le moins du monde
insociable. La nature même, sans parler du sourire perpétuel
des choses, qui s'épanouissent sous son ciel, lui enseigne à être
avenant. Il ne connaît pas l'isolement du pasteur. La culture
de la vigne le laisse rarement seul dans son champ. La propriété, d'ailleurs, en Touraine, est si morcelée que l'on s'inter-
pelle sans cesse entre voisins. Écoutez, dans la campagne,
toutes ces voix qui se répondent! Il y a de la gaieté dans l'air.
Un étranger, un ami vient à passer: "Allons prendre un verre
de vin?..." Et voilà un brin de causette assurée, et des rires
entre deux lampées. On se retire l'humeur joyeuse et plus
cordiale.

Cette vie apprend à badiner. Quel contraste entre le vigneron
tourangeau et le berger taciturne de la Beauce et du Berry!

D'ailleurs les séjours de la cour, les contacts perpétuels avec
les gens bien éduqués, l'absence de toute occupation étrangère,
ont maintenu dans le pays une grande pureté de langue. C'est
dans la Touraine que le français passe pour être le mieux parlé.

Comme tous les railleurs, les Tourangeaux ont le sens de la
critique et de l'observation. Ce sont de grands réalistes, comme
tous ceux qui aiment la vie.

Le sens de la vie et de l'observation; ce sont là des qualités
de médecin—et d'écrivain. Le Tourangeau est des mieux doués
pour l'une et l'autre de ces vocations. Bretonneau, Velpeau,
Trousseau, voilà les gloires que notre pays a données à la
médecine. Rabelais ne fut-il pas un des grands médecins de
son temps? Et la façon dont Balzac pénètre un caractère et

dissèque un personnage n'a-t-elle pas la précision impitoyable d'un diagnostic? Rabelais, Grécourt, Néricault-Destouches, Balzac, P.-L. Courier, et, parmi nos contemporains, Jules Moinaux, René Boylesve et Courteline, Jules Lemaître lui-même qui aime à se dire Tourangeau, Henri Lavedan, qui l'est par son père, n'ont-ils pas bien des traits communs: sens aiguisé du ridicule, observation pénétrante, instinct de la critique acerbe?

Je sais bien qu'il y a aussi parmi les Tourangeaux de grands poètes comme Vigny. Mais outre que l'influence de l'origine peut être compliquée par celle de l'atavisme, la Touraine n'est pas tout entière en vallées plantureuses et en riches vignobles; et cette variété du sol se retrouve chez les individus. Il ne faut donc pas nous étonner de voir cette race peu belliqueuse et réfractaire à la fatigue, un peu sceptique, produire de grands militaires, comme les Boucicault ou Saintré, de grands historiens comme André Duchesne, Dom Durand ou Dom Précieux, de grands politiques comme Georges d'Amboise, voire un pape comme Martin IV.

En somme, le Tourangeau réussit aux labeurs qu'il aime. Et il aime surtout ceux qui n'exigent pas un effort trop prolongé, et qui lui permettent de mettre en valeur ses qualités naturelles de goût, d'observation, d'acuité d'esprit, de facilité de parole— j'entends de parole fine et mesurée. Il est souvent écrivain charmant, puissant même; tribun ardent et violent, il ne l'est en aucune façon.

Le goût naturel du Tourangeau, si l'on veut apprendre à le connaître, que l'on observe seulement avec quel art instinctif une paysanne fait un bouquet. Ordre, ingéniosité, harmonie, vous y retrouvez tout cela, et aussi une certaine gaieté un peu froide.

Car le Tourangeau a le sens de la ligne, de l'ordre, de l'harmonie. Il est architecte, sculpteur, graveur même. Il n'est pas au même degré peintre, ni coloriste.

La nature tourangelle ne lui donne ni les belles rutilances, les effets violents du Midi, ni les demi-teintes exquises, les gris

subtils des pays brumeux. Elle a peu inspiré les peintres. Et
ce n'est guère qu'aux xve et xvie siècles que nous trouvons
chez elle de grands artistes du pinceau.

Musicien, le Tourangeau ne l'est à aucun titre—et le regretté
Bordes n'est en ce sens qu'une exception. Cependant il est
peu de villes où les concerts soient aussi fréquents qu'à Tours
durant la saison d'hiver.

" J'aime beaucoup les concerts, me disait une exquise Tourangelle. On y voit de belles toilettes, et cela ne dure pas longtemps."

Chose assez curieuse, et que l'on ne pourrait guère expliquer,
je crois, que par les mystères de quelque lointain atavisme, le
Tourangeau, pour qui la nature est si clémente, et qui chérit
sa terre natale, a l'esprit aventureux. Il aime à courir le monde,
peut-être poussé par les rêves de sa vive imagination, peut-être
par un désir instinctif de secouer son apathie naturelle, et
plusieurs de nos colonies ont été fondées par des Tourangeaux.
Il y eut un mouvement de ce genre, très remarquable, au xvii^e
siècle. Tout le monde connaît le nom de l'amiral de Châteaurenault, le glorieux combattant de Vigo, et les Razilly qui
soutinrent énergiquement de leur argent et de leurs personnes,
Richelieu, grand maître de la navigation. Nombre de fondateurs de colonies furent leurs voisins de campagne; de même
que les créateurs de la France équinoxiale, les premiers
gouverneurs de la Guadeloupe, de l'Acadie, de la Nouvelle-
France, Liénard de Lolive, Menou d'Aulnay, Denys, Huaut de
Montmagny, étaient de Touraine[1].

Petit propriétaire surtout, et médiocrement laborieux, le
Tourangeau n'est pas industriel du tout. Il estime qu'il est plus
avantageux pour lui de vivre sur sa terre que dans l'usine.
D'ailleurs la houille, cette âme de l'industrie moderne, n'existe
pas dans la province. Il faut l'aller chercher au loin. Cette
difficulté de se procurer la houille et la main-d'œuvre fait que
les industries sont rares dans la région.

En revanche, la Touraine, est le pays de Gargantua, des

[1] Ch. de la Roncière, *Histoire de la Marine française* (t. IV), p. 504.

franches lippées et de la bonne chère. Rillons et rillettes sont des produits tourangeaux. En fait de mets délicats, de sucreries, de pâtisseries, de tout ce qui se mange et se boit, les Tourangeaux sont des artistes. Il existe à Tours une société des cuisiniers qui ne comptait pas moins, il y a quelques années, de cinq ou six chefs impériaux ou royaux, tous gens éminents en leur art, sans compter leur maître à tous, l'illustre Trompette, le cuisinier de Gambetta. A Tours, les commerces les plus prospères sont la confiserie,—nos confiseurs sont sans rivaux—la charcuterie et, faut-il dire par corollaire? la pharmacie.

N'allez pas en conclure au moins que le Tourangeau est un épais jouisseur, enfoncé dans la matière. Il y a à Tours d'excellentes librairies. Ce sont les derniers salons où l'on cause. Parfois même on y achète des livres. Ce qui est, en ce temps de prétendue crise de la librairie, un phénomène à citer.

Avec ce goût pour la bonne chère, cet esprit sceptique et railleur, il serait étonnant que le Tourangeau fût superstitieux. Et, de fait, il ne l'est pas. La nature est pour lui si bonne fille et familière, sans brumes, ni solitudes, lui offre si peu de mystères! De fantômes, point! Rien d'écrasant. Dans les taillis au bord des rivières, s'il y a des génies, ce sont de bonnes fées avec lesquelles il muguette et se permet des privautés. Pas de divinités farouches. Il est irrespectueux, parce que la nature ne lui apprend pas le respect.

A peine, dans les parties reculées, là où il y a des landes, et des plateaux infertiles, raconte-t-on encore quelques histoires qui font peur. Par exemple de vieilles gens prétendent, à voix mystérieuse, qu'ils ont entendu "Chasse-Briquette," c'est-à-dire le bruit effrayant fait par le démon qui court après les âmes mortes, avec Faraud "son chien basset," "Courte Oreille," sa chienne de garde, et "Bellaude," sa compagne de chasse. Ils vous assurent également que les chats font leur sabbat au "carroué de Bonchamp à Ligueil," présidés par un "grou chat nouère qui joue du violon," les jeunes se moquent du vieux qui raconte ces billevesées.

Sur le plateau de Bossée, nous rapporte un de nos folkloristes les mieux informés, Jacques Rougé[1], on se transmet de vieilles croyances, dont quelques-unes sont un peu grotesques, d'autres poétiques et touchantes, et dont l'origine se perd dans le lointain de la préhistoire:

> Si votre enfant a des croûtes de lait:
> *A saint Laurent, soit à saint Gilles*
> *Faites donc dire un évangile.*

"N'oubliez pas, après les onctions baptismales, de prier le prêtre de coiffer l'enfant du bonnet de Saint-Chrême (qui primitivement était un petit hennin sans brides). Une fille doit garder ce bonnet trois jours seulement, un garçon neuf jours.

"Ne jurez jamais devant les abeilles, ce sont elles qui font la cire des treize cierges rouges du Jeudi Saint; si vous jurez, elles fuiront votre ruche.

"Ne placez pas votre lit dans le sens opposé de la chambre où vous couchez, cette façon de dormir vous porterait malheur."

Et voici de précieuses recettes dont vous pourrez faire l'expérience:

"En cas de convulsions, mettre un pigeon frais coupé sur la tête du malade.

"Contre les entorses, vous prendrez douze belles taupes, vous les dépouillerez et les ferez toucher à votre mal...à la douzième vous marcherez."

On fait encore bénir des pattes de crapaud que l'on enferme dans un sachet, et l'on obtient ainsi, paraît-il, des porte-bonheur de tout repos. Les jeunes haussent les épaules quand on leur parle de ces choses. Ils ne croient pas aux sorciers, ni même d'ailleurs aux médecins. Mais ils vont en tapinois consulter la tireuse de cartes, pour savoir s'ils sont aimés, tandis que le père questionne "l'extralucide" pour obtenir la guérison de sa vache qui est victime d'un fâcheux sort.

"Comment, père Jacques, vous qui êtes un homme éclairé, vous croyez à ces choses-là?

---

[1] *Le Plateau de Bossée, histoire, légendes et coutumes*, Loches, Imprimerie nouvelle, *Folk lore de la Touraine*, Emile Chevalier, éditeur.

— Elle a son diplôme, Monsieur. Il ne faut pas rire, elle est reçue."

Le caricaturiste Baric, qui était Tourangeau, a recueilli de très jolies naïvetés, parmi ses amis du village. Mais presque toujours les mots entendus ont un fond de malice, à laquelle la naïveté ne donne que plus de profondeur. Entre l'homme des villes et celui des champs, ce n'est pas toujours le premier qui se moque de l'autre avec le plus d'art savoureux.

Car le paysan tourangeau est un peu ombrageux. Souvent il ne se moque de vous que de peur que vous ne preniez l'offensive. C'est un petit propriétaire, avons-nous dit. Il a le sens de sa dignité; qui que vous soyez, il prétend être votre égal. Il est surtout jaloux de son indépendance. Ne cherchez pas à lui en imposer. Soyez bon enfant et "pas fier," et vous aurez en lui un ami sincère et loyal.

Malheureusement, au contact avec l'étranger, il a perdu un peu de son originalité première. Plus de costumes en Touraine. A peine apercevez-vous, aux "assemblées," quelques bonnets *paillés*, ainsi appelés parce que le tuyautage de la ruche est obtenu en la gaufrant avec des pailles. Les jeunes, avec ces petits bonnets, ont des frimousses à croquer. N'est-ce pas la Touraine qui a donné naissance à ces belles amoureuses: Agnès Sorel[1], Marie Babou, Gabrielle d'Estrées, la Vallière? Que ces réputations éclatantes, mais légèrement compromises, ne tournent pas toutefois au détriment de la vertu tourangelle. Et croyons-en un chroniqueur du XIIe siècle qui disait:

"La beauté des femmes est merveilleuse. Elles se fardent le visage et portent des vêtements magnifiques. Leurs yeux allument les passions, mais leur chasteté les fait respecter."

Ne portons pas préjudice à nos compatriotes en discutant ce témoignage, ni même en le confirmant.

[1] Nous n'ignorons pas que l'on a discuté que la belle Agnès soit née à Fromenteau, en Touraine. Mais Gabrielle d'Estrées est bien née à la Bourdaisière et Louise de la Vallière à Tours.

III. L'ART ET L'INDUSTRIE

L'ordre, l'harmonie et la mesure, le sens critique qui exclut les outrances ridicules, telles semblent bien en somme les qualités foncières du Tourangeau. Il les tient de la nature, qui lui en fournit le modèle. Nous les retrouvons dans les manifestations de son art. Elles devaient donner, et de fait elles ont donné, de grands artistes, surtout des architectes et des sculpteurs—les sculpteurs ne sont-ils pas frères jumeaux des architectes?

Les maîtres successifs du pays ont été séduits par son charme et se sont plu à le parer. Ils ont ainsi fourni aux artistes les moyens d'exercer leur génie, et de créer les traditions qui font de notre école des bords de la Loire une des plus curieuses à étudier.

Ce qu'était la ville gallo-romaine de Cæsarodunum, il nous est difficile, par les fragments qui nous restent, de le reconstituer.

Mais dès le IVe siècle, une bonne fortune échoit à l'art tourangeau: ce tombeau de saint Martin, autour duquel on verra par la suite éclore tout un monde d'architectes, de sculpteurs, d'orfèvres, de huchiers, de tapissiers et de verriers.

Sans doute, dès les premiers temps, on offrit à la basilique, sinon des merveilles de goût, tout au moins des objets riches, comme le fameux reliquaire de saint Éloi. Hélas! tout fut brûlé, dispersé.

Les troubles des premiers temps, les ravages des Normands, et aussi la fragilité des constructions n'ont rien laissé, ou presque rien, des églises citées par Grégoire de Tours, au nombre de plus de quarante. Mais on voit par ce chiffre qu'une grande activité existait déjà dans l'architecture religieuse. La dynastie carolingienne ne s'intéressa pas moins que la précédente au sanctuaire de saint Martin, dont Alcuin fut le grand protecteur. Il aimait beaucoup la Touraine et en particulier son abbaye de Cormery: "O ma chère cellule, écrivait-il, douce demeure que j'aimerai toujours, adieu! Des arbres touffus te recouvrent de leur ombrage, bosquets délicieux toujours couronnés de fleurs. Les prés qui t'entourent sont émaillés de ces fleurs et de ces herbes salutaires que la main expérimentée du médecin vient cueillir. Une rivière aux capricieux méandres, aux bords verts et fleuris, t'environne de ses ondes, où le pêcheur ne jette jamais en vain ses filets. Les vergers et les jardins, les lis et les roses remplissent le cloître des plus suaves parfums. Des troupes d'oiseaux y font entendre leurs chants mélodieux dès l'aube et célèbrent à l'envi les louanges du Dieu créateur."

Cet enthousiasme se traduisit par l'impulsion qu'Alcuin donna à ces écoles de calligraphes, dont nous avons gardé quelques chefs-d'œuvre, notamment les *Évangiles de Lothaire* et la *Bible de Charles le Chauve*, à la Bibliothèque Nationale, et, à celle de Tours, l'Évangéliaire (n° 22) écrit en lettres d'or sur vélin blanc et sur lequel les rois de France prêtaient serment, comme abbés de saint Martin.

On pense bien que l'art de la calligraphie n'était pas un art isolé, et que tous ceux qui vivent des pompes religieuses florissaient à l'ombre de la basilique.

Les incendies et les pillages ne nous en ont rien laissé. Des monuments qui peuplaient la ville de Saint-Martin, en ces temps reculés, tout au plus peut-on montrer un pan de mur, d'ailleurs fort beau, en petit et grand appareil, orné de baies cintrées et de chaînages de briques, de l'époque mérovingienne ou carolingienne.

L'invasion normande puis la lutte entre les comtes de Blois et d'Anjou vinrent prolonger cette ère néfaste de destruction et d'insécurité. C'est à cette cause politique, bien plus qu'aux prétendues terreurs de l'an mil, qu'il faut attribuer la rareté des monuments antérieurs au XIe siècle. C'est aussi et davantage peut-être à une cause toute matérielle, l'instabilité des constructions, jusqu'au jour où les architectes romans eurent remplacé les plafonds en bois par de résistantes voûtes de pierre. Cette découverte amena à reconstruire toutes les églises, au XIe et au XIIe siècles. Dès cette époque, chaque village avait une église assez solidement construite pour défier les siècles, et voilà pourquoi celles du XIIIᵉ siècle sont plutôt rares dans nos régions. Utiliser les perfectionnements apportés par la découverte de la croisée d'ogive ne sembla nécessaire que pour les nefs de grandes dimensions, cathédrales et basiliques. D'ailleurs, de la rareté des églises antérieures au XIᵉ siècle parvenues jusqu'à nous, il ne faut pas conclure qu'il n'en existait pas.

Si les terreurs de l'an mil avaient paralysé l'architecture religieuse, à plus forte raison auraient-elles découragé l'architecture civile, et notamment l'architecture militaire, celle qui n'a d'autre fin que la lutte pour les biens de ce monde.

Or nous avons vu, par les donjons de Foulques Nerra, déjà énumérés ci-dessus, que la Touraine fournit la preuve flagrante du contraire. Elle est la plus riche province de France en monuments de l'art militaire, antérieurs au XIᵉ siècle.

Quant à l'art religieux, dès le début du XIᵉ siècle, mais au XIIᵉ siècle surtout, on voit s'élever une étonnante quantité d'églises. On sait qu'à cette époque le plan et la décoration de ces édifices les groupent en écoles régionales. Nous ne reconnaissons pas, il faut l'avouer, sur les bords de la Loire, des procédés de construction bien originaux. Influencée très fortement par l'école du Sud-Ouest, sa voisine, mise en rapport constant, par la Loire, avec la célèbre école auvergnate, la Touraine est à cette époque, en quelque sorte, un carrefour, où les conceptions voisines sont venues se combiner.

Une plus large distribution de la lumière que dans les provinces plus méridionales, rappelle le voisinage de l'Ile-de-France. Mais c'est surtout l'influence du Poitou qui se reconnaît dans nos églises. Celles de Saint-Léonard de l'Ile-Bouchard, par exemple, de Beaulieu-lès-Loches, d'Aiguevive près Montrichard, de Preuilly déjà citée, sont dans leurs parties principales d'influence résolument poitevine. Avec leur porche sans tympan, leur plan qui comporte déambulatoire et chapelle absidale, leurs murs extérieurs ornés d'arcatures et renforcés de contreforts, leurs bas-côtés étroits, leur nef voûtée en plein cintre, les plus belles églises tourangelles de cette époque se rattachent à l'école voisine. Mais leurs façades n'ont pas les riches ornementations de celles du Poitou. C'est en quelque sorte du poitevin plus dépouillé.

L'extraordinaire église Saint-Ours, à Loches, avec ses voûtes faites de *dubes*, sortes de pyramides évidées, y présente un phénomène unique. Saint-Ours est comme un jalon intermédiaire entre Clermont et le Poitou.

Quelle fut parmi tous ces monuments la place exacte et l'influence de la basilique Saint-Martin? Elle dut être grande. Il nous est malheureusement difficile de la définir d'après les vestiges qui subsistent.

Avec la conquête angevine, une autre influence va dominer. Et il faut reconnaître ici encore qu'au point de vue de l'art cette conquête fut pour l'art tourangeau une nouvelle bonne fortune. Les Angevins, bientôt rois d'Angleterre, apportent tout leur zèle à enrichir leur nouveau domaine. C'est ainsi que la très heureuse découverte que venait de faire l'école angevine, celle de la voûte dômicale, fit son apparition en Touraine. Candes est un des chefs-d'œuvre du genre. Saint-Maurice-de-Chinon, Saint-Denis et la chapelle Saint-Jean, à Amboise, Saint-Martin, de Restigné, d'autres églises tourangelles encore, nous offriraient de beaux spécimens de cette architecture.

Une portion de voûte sous la tour nord de la cathédrale de Tours nous prouverait que, là aussi, l'art plantagenet avait fait son apparition.

D'ailleurs la Touraine, pays peu enthousiaste et encore moins tenace, ne semble pas avoir connu en architecture religieuse les grands efforts de l'Ile-de-France. Il y a, il est vrai, la basilique de Saint-Martin, mais celle-ci a été bâtie avec l'argent des pèlerins; ce fut une œuvre nationale.

Cependant, comme elle aime ce qui est beau, la ville de Tours s'est édifié une jolie cathédrale, lentement—elle y a mis quatre siècles. La piété des Tourangeaux était patiente. On plaisantait de cette lenteur qui était devenue proverbiale. "Cela ne finit pas, disait-on, c'est comme l'œuvre Saint-Maurice." Quand elle fut terminée, on reconnut qu'elle faisait grand honneur à ses constructeurs. La silhouette générale en est, à vrai dire, plus originale que le plan, qui rappelle, dans des proportions bien moins amples, celui de Notre-Dame d'Amiens. La série des verrières, œuvre, croit-on, du verrier Richard, nous est parvenue en grande partie intacte. Elles n'ont point sans doute l'éclat incomparable de la grande rosace de Chartres. D'ailleurs elles sont de date postérieure (XIIIe et XIVe siècles). Mais elles restent le plus beau joyau de notre cathédrale.

Nous avons expliqué pourquoi le XIIIe siècle a laissé peu de monuments dans notre région. Cependant il convient de citer la nef de Saint-Julien, le très pittoresque portail de la Crosse, de Marmoutier, et surtout un monument unique en son genre, typique et de grande allure, la ferme de Parçay-Meslay, qui fut une dépendance de Marmoutier, et nous permet de reconstituer une métairie au XIIIe siècle.

Pendant la guerre de Cent Ans, il semble que la sève se soit figée dans toutes les branches de l'art. Mais l'art est, sur les bords de la Loire, une plante vivace, et la rigueur des temps était à peine apaisée, qu'elle fut de nouveau en pleine floraison. Le triomphe de la monarchie française sur ses ennemis de l'intérieur et sur la turbulence des grands vassaux donnait au pays une sécurité qu'il n'avait pas encore connue. Il semble qu'on ait voulu dissiper alors le mauvais rêve, et jouir de tout ce que la vie peut donner de meilleur, la richesse et la beauté. Puisqu'on n'avait plus à craindre les longs sièges et les coups de main, et que, d'ailleurs, l'artillerie rendait vaines les murailles d'un donjon et les fossés d'un château, on voulut que la demeure seigneuriale devînt plaisante à la châtelaine. On fit appel à tous les arts. Au temps des grandes détresses du roi de France, ses puissants voisins d'Anjou et de Berry, le roi René et le duc Jean avaient déjà donné l'exemple de la magnificence et du goût des belles choses. Les bourgeois parvenus ne voulurent pas rester en arrière. Ces financiers, dont la monarchie avait dû payer les services, car ce sont eux, plus que les anciens nobles, qui lui procuraient de l'argent, avaient constitué dans notre pays une aristocratie récente. Celle-ci ne voulut pas le céder à l'autre en magnificence, et ce sont ces nouveaux Mécènes, enfants du pays pour la plupart, qui ont peut-être le plus efficacement contribué à ce mouvement de Renaissance artistique qui est resté la gloire la plus pure et la plus éclatante de notre province. Et cette Renaissance ou, pour parler congrûment, cet épanouissement magnifique de notre architecture gothique, n'attendit pas que les guerres d'Italie eussent ramené chez nous des modes et des ouvriers d'outremonts.

Rendre la vie plus aimable, accroître la somme de jouissances que l'on peut goûter sous la douceur de son ciel, donner une parure seyante à la terre qui lui est chère, nul programme ne pouvait mieux convenir au génie tourangeau. Il n'avait aucun besoin de demander à autrui ce qu'il possédait lui-même à un degré éminent. Et, de fait, quand l'art italien l'emporta enfin, les chefs-d'œuvre de l'école tourangelle existaient déjà.

Dès le règne de Charles VII, on voit édifier ce "sombre château de Plessis-les-Tours," qui semble en réalité une avenante demeure, avec sa façade bien ouverte et les jolis effets obtenus, non par de lourdes masses résistantes, mais par le mélange moins robuste et plus harmonieux de la pierre et de la brique. Sous Louis XI le mouvement se continue. Et il faut voir avec quel art les architectes savent tirer parti des éléments de la défense militaire pour la simple décoration. Le château de Langeais, qui date de ce roi, a encore une apparence bien rébarbative sans doute, mais déjà des fenêtres se sont ouvertes à la place des antiques meurtrières. Peu à peu les murailles s'abaisseront tout à fait, pour faire place à d'élégantes fenêtres qui s'ouvriront sur la campagne; aux tours massives succéderont les jolies tourelles en encorbellement; le chemin de ronde sera mué en une charmante corniche, où l'intervalle laissé jadis entre les merlons sera occupé par des fenêtres aux frontons précieusement sculptés. Nous aurons ainsi accompli toutes les étapes qui séparent Langeais d'Azay-le-Rideau, en passant par Chaumont et par Ussé. L'art des bords de la Loire aura atteint alors son plus complet développement. Ainsi les éléments qui ont servi à nos architectes sont ceux de notre art national et traditionnel. Mais le Tourangeau a l'esprit souple, et quand il vit que sa clientèle s'engouait de la mode italienne, il ne voulut pas la mécontenter. Il fut assez avisé d'ailleurs pour demander aux Italiens ce qu'ils pouvaient lui donner, c'est-à-dire la décoration. C'est ce qui arriva à Azay. Quant à la structure même du bâtiment, il s'obstina à suivre ses traditions et les inspirations de son génie. C'est ainsi que nous avons encore cette pure merveille, Chambord, dont on ne peut guère contester qu'elle ne pouvait naître qu'en France, même s'il faut en attribuer la paternité au Boccador, et non pas à Denis Sourdeau et à Pierre Neveu, maçons d'Amboise, comme on l'a longtemps enseigné.

Il est malheureusement trop évident que dès cette époque, l'art italien tendait à l'emporter, la rigidité classique à se substituer à la fantaisie française.

La grande galerie de Chenonceaux, Champigny de même, appartiennent déjà à cette période refroidie. Désormais l'école tourangelle a vécu.

Les châteaux les plus élégants du monde, d'adorables gentilhommières, des manoirs tels que Brou, Coulaines, Pocé, Candé ou Cangé, si nombreux que nous ne pouvons pas même les citer, des hôtels comme, à Tours, les hôtels Gouin, celui de Beaune-Semblançay, l'hôtel dit de Jean Galland, ou, à Blois, l'hôtel d'Alluye, tel est le bilan de cette gracieuse école point pédante, sans laquelle il manquerait à l'histoire de l'art une de ses pages les plus charmantes. Cette période révolue, l'art appartient à l'austérité, qui n'est point fille de la Touraine. Et les grandes résidences qui furent encore créées sur notre sol, Chavigny, belle construction en briques et pierres, Richelieu, Chanteloup, ces deux dernières, aujourd'hui disparues, affectaient une solennité qui n'est pas de notre terroir. L'aile de Gaston d'Orléans à Blois, à ce point de vue, est typique. La comparaison entre cette malencontreuse bâtisse et les constructions élégantes de Louis XII et de François Ier ferait presque maudire le nom du grand Mansard, auteur de cette œuvre attristante.

Les deux derniers tiers du xve et le premier tiers du xvie siècle qui furent la grande époque tourangelle pour l'architecture, le furent aussi pour tous les autres arts.

Les qualités de mesure, de souplesse, de douceur souriante, que nous reconnaissons à l'architecture des bords de la Loire, sont aussi celles des autres artistes de cette région, peintres et sculpteurs.

Michel Colombe, ce génie si tourangeau, quoique né en Lyonnais, ses collaborateurs Bastien et Martin François, architectes, et Guillaume Regnault, sculpteur, n'ont pas l'emphase des Italiens. Les Claus Sluter, les Richier, dans leur art plus âpre, ont un caractère qui saisit, au premier abord, davantage. Mais le tombeau de François II, à Nantes, le Saint Georges de Gaillon, seules œuvres authentiques de Colombe, mais les tombeaux des Poncher par Guillaume Regnault, mais ces saints de Solesmes qui, s'ils ne sont pas de ces artistes, sont au moins de leur influence, les tombeaux des enfants de Charles VIII à Tours, qui émanent de leur atelier, enfin cet admirable saint Jean, bois anonyme du Louvre, sont d'une vérité d'attitude, d'une émotion contenue et persuasive, d'une maîtrise enfin qui ne craignent pas la comparaison avec les plus purs chefs-d'œuvre de tous les temps. Connaissez-vous rien de plus élégant de ligne, de plus précieusement ouvré que la fontaine de Beaune, œuvre des François, un des ornements de la ville de Tours?

Malheureusement le temps n'a épargné que la moindre partie des œuvres de ces maîtres admirables et aussi de celles que produisit l'atelier italien des Juste, installés à Tours. Pour les peintures de l'école de Tours, il n'a pas été plus clément.

L'exposition des primitifs a bien réuni une douzaine d'œuvres attribuables à Fouquet. En outre quelques miniatures, celles notamment du livre d'heures d'Étienne Chevalier à Chantilly, celles du Boccace et des *Antiquités judaïques*, nous donnent une idée de ce maître. Mais la Touraine n'en possède rien.

Son chef-d'œuvre, sans doute, les fresques de Notre-Dame-la-Riche ont été détruites. Et c'est un très grand malheur. En effet, par la grâce expressive des figures, Jehan Fouquet peut être comparé à Fra Angelico. Le premier peut-être dans l'histoire de l'art, il a deviné le parti que l'on pouvait tirer des gris colorés, pour envelopper d'atmosphère ses compositions. Bref, c'est un des artistes les plus exquis de tous les temps. De Bourdichon nous possédons des miniatures, par exemple le *Livre d'Heures d'Anne de Bretagne*, un des joyaux de la Bibliothèque Nationale, et peut-être le délicieux portrait de l'enfant Charles Orland. Mais qu'avons-nous de Poyet, de Hennes Polnoir, d'autres encore, très célèbres en leur temps? En Touraine, je ne vois guère, comme témoignage de cette grande activité, qu'une *Crucifixion* qui se trouve à Saint-Antoine de Loches, qu'un *Tite-Live* et un autre manuscrit de l'école de Fouquet orné de douze miniatures que la bibliothèque de Tours a récemment reçu en legs.

Les merveilleux portraits de Jean et de François Clouet, le Holbein français, l'un, Tourangeau d'adoption, l'autre de naissance, sont dispersés dans tous les musées de l'Europe. On les voit au Louvre, mais pas une de leurs œuvres dans la région, sauf au musée de Blois, le *Portrait de Marguerite de Bourbon*.

Grâce aux Clouet, nous connaissons un peu les cours de François Ier, de Henri II et de Charles IX. Grâce à Abraham Bosse, le spirituel graveur, nous connaissons les mœurs du temps de Louis XIII. Nous avons de bonnes raisons de croire que c'était en outre un peintre habile, aussi chaud coloriste que savant dessinateur.

Si nous ajoutons que tout un monde de huchiers, d'enlumineurs, de tapissiers, de verriers, d'artistes en tous genres travaillaient autour de ces maîtres éclatants, parmi lesquels a droit encore de prendre place Robert Pinaigrier, peintre verrier, auquel on a voulu attribuer non seulement sans preuve, mais, selon nous, sans vraisemblance, les vitraux de Champigny, on conviendra que, pendant près de deux siècles, la Touraine fut un pays d'art des plus actifs et des plus riches.

Son école régionale des Beaux-Arts qui, en ces trente dernières années, n'a pas produit moins d'une demi-douzaine de prix de Rome, parmi lesquels il faut citer les noms déjà réputés des architectes Laloux et Chaussemiche et du sculpteur Sicard, nous fait espérer par ses succès que cette ère glorieuse n'est pas close.

Parler des industries tourangelles, c'est encore un peu parler d'art. Ce riant pays, en effet, n'est guère attristé par les fumées des usines. Pas de hauts fourneaux, pas de filatures, pas de mines, d'établissements d'où sort un monde noir de charbon, aux figures pâles et douloureuses. Les tanneries de Châteaurenault, les papeteries de la Haye, les fabriques de pressoirs d'Amboise, et, près de Tours, une succursale de Saint-Gobain, voilà à peu près les seules usines importantes de la région. Il y a en outre l'imprimerie, la principale industrie de Tours; des milliers de volumes sortent chaque jour, comme on sait, des presses de la maison Mame. Des anciennes maisons de soieries, il y a encore quelques survivantes, notamment la maison Roze. Enfin Tours fabrique toujours des vitraux, des céramiques et des meubles d'art, où se perpétue le goût et l'ingéniosité des vieux artisans tourangeaux.

Population accueillante, terre riche de tant de souvenirs et de tant de monuments admirables ou curieux, qu'il est pour ainsi dire impossible, même après un long séjour, d'arriver à les connaître tous, doux climat, campagne aimable, pays de bonne chère et de belle humeur, la Touraine est, on le voit, une séduisante province.

Mme de Staël préférait à la Loire son ruisseau "d'eau noire et bourbeuse."

Je crois que peu de gens partagent cette opinion singulière. Ceux qui préfèrent à ce qui est "noir et bourbeux" ce qui est lumineux, ce qui est clair, ce qui est gai, comprendront que l'on puisse éprouver quelque fierté à dire, avec Panurge:

" Je suis né et ai esté nourry jeune au jardin de France, c'est Touraine."

EXERCICES

(T.) indique les questions posées sur *le texte*;
(M.) sur *les mots*; (G.) sur *la grammaire*

Ier EXERCICE: pages 1–5. VERBES AUXILIAIRES.

Paris, Touraine, these two names evoke what is most ancient in France, and consequently what is most French. Not, truly, what is most French in heart, for on that side all the provinces are alike, but most French in language and in mind; and one may say that the two most delicate and purest facets of the French mind are the mind of a true Parisian and the mind of a true Tourangeau. There is perhaps more vivacity, more of the picturesque, more spontaneity in the mind of Paris, but in the mind of Touraine, there is more order, more hidden subtlety, more of the classic note. I emphasise that expression; the classic note, that is to say the manner of ordering our thought which France has inherited directly from antiquity, and which, in France, Touraine has assimilated most perfectly of all.

(Alfred Capus: *Discours à la Société d'Agriculture, Science et Arts et Belles-Lettres d'Indre-et-Loire*.)

(T.) 1. Par quelles provinces et par quelles villes passe-t-on en voyageant de Paris à Tours? 2. Pourquoi faut-il aller en Touraine à la fin de l'hiver? Comment sont l'été et l'automne en Touraine? 3. Quel est le moment décisif de l'année pour le paysan tourangeau? 4. Comparez la moyenne annuelle de la température de votre pays avec celle de la Touraine. Que veut dire un climat *égal*?

(M.) 5. Quel arbre porte des amandes? des cerises? des oranges? des prunes?

6. Quel fruit pousse dans des grappes? quand mûrissent les raisins?

7. Trouvez les *adjectifs* de: le printemps, l'hiver, la pluie, la fourche, le luxe, la Touraine; et les *noms* de: estival, automnal.

8. Donnez le mot contraire: un savon *transparent*; la viande *cuite*; une santé *robuste*; une frondaison *tardive*; un pays *tout plat*; *la disparition*; *l'arrivée*; *l'âpreté*; les prix *renchérissent en deçà de* la Loire.

9. Exprimez en un seul mot: un coup de vent court et violent; les régions *du Sud*; un habitant d'Anjou, de Normandie; devenir tiède, rouge, pâle, jaune.

10. Trouvez des synonymes: un élève *chagrin, désagréable*; *le sol* humide; la *voie* principale; une pluie *continue*; les arbres *sans feuilles*.

(G.) 11. Mettez au pluriel: *celui* qui nous *trouble arrive* de l'Ouest; *il apporte* avec *lui* des malheurs; ce n'*est* pas *un enfant* du pays.

12. Donnez les cinq *temps primitifs* (infinitif, participes prés. et passé, Ière pers. du prés. de l'indic., et du passé défini) de: être, avoir, glisser.

13. Mettez au passé défini: les étrangers se *retirent*; les châtelains s'en *vont*; c'*est* l'hiver, on *a* froid.

76 EXERCICES

2ᵉ EXERCICE: pages 5–9. 2ᵉ CONJUGAISON.

Following the banks of the Loire, with its gently rolling hills, amid simple natural beauties, or scenes which were once the setting of great and tumultuous events in the history of France, one meets at every step, intermingled and close together, examples of the art of all the ages, traces of all the centuries. One can see there the two extremes of human industry, the most primitive dwellings, holes hollowed in the rock and, in strange antithesis, lordly habitations, chiselled and re-chiselled, stone by stone, in the days of the Renaissance. Here are villages of cave-dwellers, chequering with dark holes, which are doors and windows, the base of some mighty castle. Thus, not far from the splendours of Chenonceaux is the town of Montrichard, where, as in a subterranean suburb, a large part of the population is housed in caves hollowed out beneath a gigantic ruined fortress. (A. Robida: *La vieille France*.)

(T.) 1. Nommez les affluents de la Loire et les régions géographiques de la Touraine—ou, mieux, faites-en une carte. 2. De quelle couleur est la Loire? est-elle toujours *caresseuse et paresseuse*? Faites une comparaison de ses deux rives. 3. Du côté de l'est où commence la Touraine des châteaux célèbres?

(M.) 4. Que porte l'arbre fruitier? où pousse le saule? quel arbuste grimpe? où se jette une rivière? à quoi sert un phare? que met-on dans un cadre? que creuse la taupe? que découpe le père de famille? que prononce l'orateur?

5. En un seul mot: l'habitant de Nantes; de la Touraine; celui qui habite la rive d'un fleuve; les légumes hâtifs.

6. Contraire: une terre *plantureuse*; un élève *reconnaissant*; la saison *pluvieuse*; un lieu *sans arbres*; un flot *abondant*.

7. Synonymes: la terre *coulante de lait et de miel*; l'humeur *débonnaire*; *protégé* du froid; une *calamité*; une *inondation*.

8. Faites des phrases pour distinguer entre: le fleuve, la rivière; la cave, la caverne; se dresser, s'habiller.

(G.) 9. Ecrivez les temps primitifs de: ralentir, aboutir, ravir, se blottir: au-dessous de l'infinitif de chaque verbe, écrivez la 1ère personne des temps qui en dérivent, le futur et le conditionnel.

10. Mettez au passé indéfini: mon effort ne se *ralentit* pas; l'histoire *accapare* mon attention; rien ne me *manque*.

11. Conjuguez au passé indéfini: je le distingue, je m'arrête, je m'y blottis, je me creuse un abri.

3ᵉ EXERCICE: pages 9–13. 3ᵉ CONJUGAISON.

Four leagues from Blois, one from the Loire, in a little low-lying valley, between sodden marshes and a wood of great oaks, far from any road, suddenly one happens upon the royal, or rather the magic, castle of Chambord. One would say that an Eastern wizard, impelled by some marvellous lamp, had taken it away during one of the Thousand Nights, had stolen it from the land of sunshine to hide it, with a charming prince and his beloved, in the land of fog. The palace is hidden like a treasure; but from its blue domes, from its dainty minarets, round and built upon massive walls, or slender and leaping upwards, from its long terraces which dominate the woods, from its airy spires swaying in the wind, one would fancy oneself in the realm of Bagdad or Cashmire, if the blackened walls, with their tapestry of moss and ivy, and the pale sad sky did not proclaim a country of rain. (Alfred de Vigny: *Cinq Mars*.)

(T.) 1. Faites une petite carte d'un voyage de Chambord à Amboise.

2. Donnez un aperçu des quatre châteaux qu'on voit en route en indiquant ce que chacun a de distinctif.

(M.) 3. A quoi sert l'hélice d'un vapeur? que fait-on avec de l'ardoise? qu'y a-t-il dans un clocher? comment s'appelle la demeure d'un évêque? on *cueille* des raisins, qu'est-ce qu'on *accueille*?

4. Qu'est-ce qu'une trouvaille? une perte? un bonheur *sans mélange*? une loggia *à l'italienne*? un sanglier? un carrefour?

5. Un seul *nom*: un lieu où on jouit d'une belle vue; un homme d'un âge avancé; un homme versé dans la littérature.

6. Un seul *adjectif*: un lieu *où il y a des arbres—où il y a des marais*; un peuple *qui se livre au commerce*.

7. Contraire: la naissance, le commencement, le goût, l'insuccès, la lâcheté, l'achat, l'ascension, la disparition, la tristesse.

8. Synonyme: une *période*; un *succès*; on *prend possession* du château.

9. Trouvez le *nom* de: jouir, accueillir, goûter, abriter; l'*adjectif* de: l'audace, le dédain, le commerce, les lettres, la fierté; le *verbe* de: le balai, le coude, un appui.

(G.) 10. Temps primitifs de: devoir, apercevoir, décevoir, concevoir.

11. Traduisez: nous devons le négliger; nous devrions le négliger.

12. Temps primitifs de: parer, ravir; au-dessous du participe prés., écrivez les temps qui ont la même base—impf. de l'indic., prés. du subj., pluriel du prés. indic. et de l'impératif.

13. Ajoutez les pronoms: aucun site n'est plus enchanteur que...de Chambord et...qui voyagent par là l'ont tous aperçu.

4ᵉ EXERCICE: pages 13–17. 4ᵉ CONJUGAISON.

I am ashamed to begin by saying that Touraine is the garden of
France; that remark has long ago lost its bloom. The town of Tours,
however, has something sweet and bright, which suggests that it is
surrounded by a land of fruits. It is a very agreeable little city; few
towns of its size are more ripe, more complete, or, I should suppose, in
better humour with themselves and less disposed to envy the responsi-
bilities of bigger places. It is truly the capital of a smiling province;
a region of easy abundance, of good living, of genial, comfortable,
optimistic, rather indolent opinions. (H. James: *A Little Tour in France.*)

(T.) 1. Faites une petite étude sur la ville de Tours: site—deux cours d'eau
—ville *blanche et bleue*—cathédrale—basilique Saint-Martin—
prospérité moyen âge et actuelle—attraits de la ville actuelle.

(M.) 2. A quoi sert le mortier? la soie? un poteau? une béquille?

3. Qu'est-ce qui coule? grimpe? serpente? s'épanouit? s'ensable?

4. Qu'est-ce qui a des ailes? des pignons? des nefs? des faubourgs?

5. Que fait le peintre? le tailleur? le fruitier? le balayeur?

6. Que fabrique-t-on dans une soierie? dans une verrerie? dans une
papeterie? que tire-t-on à un puits?

7. Contraire: on rame *en aval, en deçà* du pont; la *mal*veillance et
l'*inimitié attristent* tous les cœurs; la route est *large*; le repas
somptueux.

8. Trouvez une autre tournure: la dernière d'une série de belles œuvres;
la Tranchée est *rectiligne*; les neiges *d'autrefois.*

9. Comment s'appelle celui qui fait un voyage de dévotion? celui qui
habite sur la rive d'un fleuve? celui qui possède un château?
celui qui est riche et encourage les artistes? celui qui appartient
à la classe moyenne? celui qui tient une auberge? celui qui vend
des fleurs? celui qui s'occupe des maladies de l'œil?

(G.) 10. Temps primitifs de: répondre, étendre, répandre, entendre, rendre.

11. Conjuguez au passé défini: réussir, saisir; vendre, tendre.

12. Ecrivez, avec les noms, la 1ᵉʳᵉ pers. des sept temps composés de:
rendre, se rendre. Quels sont les deux groupes de verbes où on
emploie dans les temps composés l'auxiliaire *être*?

13. Infinitif de: séduisant, traduisant, croissant; vécu, sis, assis, conquis.

14. Formez les adverbes de: puissant, pesant, arrogant, courant, savant.

5ᵉ Exercice: pages 17–21. Iᵉʳᵉ Conjugaison:

Verbes Irréguliers.

On the ruins of the original fortress of Langeais, a more elegant castle was erected through the efforts of Louis XI. It has existed, almost intact, from the fifteenth century, and the present owner has piously preserved its appearance. He has devoted more than a million francs to consolidate it, to restore it,—I do not add to embellish it. He has furnished it with admirable tapestries, oak chests, credence-tables, and bedsteads copied from the pictures of Jean-Paul Laurens. One notices also an Erard grand-piano, electric bells, and gas brackets. It is true that these gas brackets are of merovingian shape. Modern life has its requirements and one cannot light a house with torches for the pleasure of resembling more closely my lord Bluebeard. At the foot of the towers we no longer see Fulc Nerra's horsemen ride by with a jangle of armour.... We observe an Englishman, in a putty-coloured suit, absorbed in the reading of Baedeker. (Adolphe Brisson: *À Langeais*.)

(T.) 1. Quels monuments voit-on en allant de Tours à Langeais? qu'y a-t-il d'attrayant à Cinq-Mars pour y justifier un arrêt? Dans quelle direction voyage-t-on?

(M.) 2. Quel feuillage a le saule? quelle forme le peuplier? quelle fleur le tilleul? quel fruit la vigne?

3. A quoi sert un perchoir? un rasoir? une borne kilométrique?

4. Que forme la pluie sur la route? que veut dire *une tempête dans une flaque*? Qu'est-ce qu'une mare?

5. Trouvez deux acceptions: le plateau, la grève, la carrière.

6. Comment s'appelle celui qui se promène paresseusement? qui a la garde de l'entrée d'une école? qui écrit des romans—des drames—des poèmes? qui a de la science? qui se fâche d'un rien? qui a un aspect peu engageant?

7. Que devrait-on trouver dans une poivrière? dans une salière? dans un sucrier? dans une théière? dans une cafetière?

8. En un seul mot: une carrière d'ardoise; une fabrique de soie; que fabrique-t-on dans une tuilerie? dans une briqueterie?

(G.) 9. Temps primitifs de: achever, épeler, mener, rejeter, peser.

10. Écrivez la 2ᵉ pers. sing. du prés. indic. et subj., de l'impér., du futur, et du conditionnel de: amener.

11. Temps primitifs de: accomplir; au-dessous des deux participes et du prés. indic., écrivez la 2ᵉ personne des temps qui en dérivent (au-dessous du près indic., l'impér. sing.).

12. Au passé indéfini: elles s'en vantent; nous nous y bornons; rien ne s'annonce; elle s'y attend, elle m'attend.

13. Adverbe de: aucun, nul, ancien, délicieux, hâtif, cher, dernier.

6ᵉ EXERCICE: pages 21–25. 1ᵉʳᵉ CONJUGAISON:

VERBES IRRÉGULIERS.

The château of Chenonceaux has about it an air of unusual suavity, an aristocratic severity. It stands a little removed from the village which draws aside respectfully. One sees it at the end of a great avenue of trees; it is surrounded with woods and set among the lovely lawns of a great park. Built upon the water, it lifts high in the air its turrets and square chimney-stacks. The Cher passes beneath, it murmurs at the foot of the arches on which the château stands, the current broken by the angular sides of the shafts. The château is peaceful and gentle, elegant and strong. There is nothing tedious in its calm, no bitterness in its melancholy. (Gustave Flaubert: *Par les champs et par les grèves*.)

(T.) 1. Nous voilà à Villandry. Par où avons-nous voyagé après avoir quitté Langeais? Racontez l'origine de la basilique de Candes, et celle du château de Chenonceaux.

(M.) 2. Sur quoi ne faut-il pas empiéter? à quelle occasion mange-t-on le veau gras? quelle personne se sert d'une échauguette? quel est le saint patron de l'Irlande? quelle est la date de la veille de Noël? qu'est-ce que la réglisse doit guérir? comment fait-on quelquefois fortune?

3. Synonymes: on a *bien modifié* la carte de l'Europe; on *fait valoir* son malheur; on *raffole* du château; nous voilà à *la fin* de notre voyage, au *bord* du bois; la *veille*, la *vieille veilla*; *l'estropié* court *tant bien que mal*.

4. Qu'est-ce qui se dresse? paît? guérit? tourne une roue de moulin? évoque l'idée d'une fée?

5. Qu'est-ce qu'on redoute? ménage? creuse? exauce? relie? accueille?

6. *Noms* de: sain, léger; charmer, rêver, chiffrer; jeter, souhaiter; choir; découvrir; habiter; cent, vingt, douze; *verbes* de: la guérison, la veille, la vieille, le témoin, le croissant, un abri, la borne; *adjectifs* de: la mousse, la feuille, l'herbe, le poil, la fourche.

(G.) 7. Temps primitifs de: empiéter, céder, préférer, espérer, digérer.

8. Conjuguez le prés. indic. et subj., et l'impér. de: espérer.

9. Temps primitifs de: guérir; au-dessous de chacun écrivez la 2ᵉ pers. des temps qui en dérivent. (Au-dessous du passé défini, l'imparf. subj.)

10. Faites précéder de: *à moins que*: la ville est en Anjou, je la décrirai; une femme a passé par là, il n'y a rien de féerique.

7ᵉ EXERCICE: pages 25–30. Iᵉʳᵉ CONJUGAISON:
VERBES IRRÉGULIERS.

Imagine beyond the bridge two or three farms, a dove-cot, turtle-doves, twenty or thirty cottages separated by gardens, by hedges of honey-suckle, jasmine and clematis; then flower-covered refuse-heaps in front of the doors, cocks and hens on the road: that is the village of Pont-de-Ruan, a pretty village dominated by an old church full of character, a church of the time of the crusades, such as painters seek for their pictures. Frame the whole scene in ancient walnut trees and young poplars with pale gold leaves, set pleasant workshops in the midst of the long meadows, which stretch beneath the warm and hazy sky as far as the eye can reach, and you will have one of the thousand charming views of the lovely land of Touraine.

(Balzac: *Le Lys dans la Vallée.*)

(T.) 1. Quelles vallées avons-nous déjà parcourues? dans laquelle entrons-nous maintenant? 2. Qu'y avait-il de singulier dans la vie des disciples de Saint Bruno? 3. Quels sont les monuments les plus remarquables de Loches? 4. Comment se distingue le château d'Azay-le-Rideau?

(M.) 5. Comment ménage-t-on sa santé? son temps? son argent?

6. Qu'est-ce que les bonnes femmes tricotent? cousent? ravaudent?

7. Faites des phrases pour montrer deux acceptions de chacun de ces mots: le plateau, le veau, la poivrière, le roman, la flèche, la nef, le patron, la gorge.

8. A quoi sert un moulin? une vanne? un musée? un mâchicoulis?

9. Distinguez entre: roman, romain; fondé, fondu; le jais, le geai; la lande, le pays; la contrée, la campagne; la rivière, le fleuve, le ruisseau; actuel, réel; le sas, le tas, le bas, le cas, le pas, les ah!

10. Un seul *nom*: une pensée qu'on ne laisse pas paraître; le jour qui précède—qui suit—celui dont on parle; un seul *adverbe*: dans le passé; à merveille; à souhait.

11. Contraire: les cheveux *bruns*; une rue *étroite*; un cri *doux*; la viande *crue*; les figures *attrayantes*; une vie *paisible*.

(G.) 12. Temps primitifs: exaucer, exercer, agacer, menacer, placer, percer, infliger, exiger, corriger, protéger, ménager, obliger.

13. Faites le tableau du verbe *exercer*—les cinq temps primitifs et au-dessous de chacun la 2ᵉ pers. des temps qui en dérivent.

14. Au passé indéf.: je *préfère* la campagne à la ville; je me *garde* de dire que vous êtes de mon avis; vous *raffolez* peut-être du tumulte des autos.

15. Au passé défini: Corneille élève, étonne, maîtrise, instruit; Racine plaît, remue, touche, pénètre. (La Bruyère.)

8ᵉ EXERCICE: pages 30–34. 2ᵉ CONJUGAISON.

After much wrangling, Joan was allowed to see the King at Chinon.
He received her with much state. The hall, to-day roofless but still
known as Joan of Arc's hall, was thronged with lords and knights.
Joan entered modestly, without hesitation or confusion. She was then
eighteen, a beautiful girl, of moderate height, her voice, like Cordelia's,
"ever low, gentle and soft," but penetrating. She recognised the King at
once, though he had purposely mingled with the throng. She knelt
before him and kissed his knees. "Gentle dauphin," she said, "I am called
Joan the Maid. The King of Heaven announces to you through me that
you will be anointed and crowned at Rheims, and will be His viceroy
for He is King of France." (D'après Michelet: *Histoire de France*.)

(T.) 1. Décrivez la situation du château d'Ussé et le voyage d'Ussé à Chinon.
2. Qu'est et que fut le château de Chinon? 3. Racontez la scène
historique qui eut lieu dans ce château.

(M.) 4. Comment s'appelle la suite d'officiers attachée à un général? le lieu
où se trouve le logement du général? une embûche dressée à
quelqu'un? un homme transformé en loup? un homme qui se
promène tout endormi? le coloris du visage? un chandelier sus-
pendu au plafond?

5. Où fait-on faire des habits? où se fait-on couper les cheveux? où
fait-on raccommoder les bottines?

6. Que faut-il pour jouer aux "dames"? pour faire de la purée? re-
tourner le sol? abriter les chevaux, ou un avion?

7. Faites des phrases pour distinguer entre: bâti, battu; le sort, la
sorte; le seau, le sot, le saut; le cep, le rets, le geai, le legs, le mets,
le dé; le teint, la complexion; la veillée, la veille, la vieille; le
rang, la rangée; le petit neveu, le petit-neveu; le beau père, le
beau-père.

(G.) 8. Ajoutez un sujet et mettez à l'imparf. indic. (Ex. *le temps s'éclaircis-
sait*): frémir, sévir, se garnir, s'enrichir, se ressaisir.

9. Temps primitifs des verbes irréguliers: *sortir*, *venir*; et des verbes
conjugués de la même façon que chacun de ceux-ci.

10. Au passé déf.: on *sommeille*; je *travaille* à la bêche; elle *sort*, mon
visage s'*épanouit*; je *suspends* mon travail, elle *reprend* la parole.

11. Pluriel: c'est *un guet-apens*; je ne vis pas *l'arc-en-ciel*; on arriva à
un cul-de-sac; il y a encore *un chef-d'œuvre*.

9e Exercice: pages 34–38. 2e Conjugaison.

The faded and irregular tiles were mottled with great patches of yellow lichen. The rafters of the roofs had rotted and given way. Rust prevented the weather-cocks from turning and each of them indicated a different wind. The sky-lights were stopped up with wooden shutters, warped and split. Broken stones filled the loopholes of the towers. Of the ten windows of the façade, eight were barricaded with planks, the two others displayed bull's-eye panes of glass, which quivered in their lead frames with every movement of the wind. Between the windows, the plaster had fallen and revealed the rough bricks. Above the stone lintel of the door was a worn coat-of-arms which the cleverest herald would have been incapable of deciphering.

(Gautier: *Le Château de la Misère.*)

(T.) 1. Racontez vos impressions à propos du cardinal de Richelieu.
  2. Comment sa ville diffère-t-elle des autres villes françaises?
  3. Pourquoi la chapelle de Champigny survit-elle au château?

(M.) 4. Qu'achète-t-on à une boutique? à une auberge? à une gare? à une chapellerie?
  5. Qu'est-ce que le berger paît—le chapelier vend—l'archéologue étudie —le prêtre dit tous les matins?
  6. Quels légumes ont des cosses? quel arbre porte des noix?
  7. A quoi ressemble une truffe? à quoi a survécu la prospérité de la ville de Richelieu? à quoi s'opposa Urbain VIII? à quoi a échappé la chapelle de Champigny?
  8. De quoi doute l'incrédule? de quoi se doute l'âme honnête?
  9. A quoi sert la soie? le velours? le drap? la flanelle?
  10. Combien d'étages à votre école? combien de pignons a-t-elle? où avez-vous vu un quai—un pavillon?
  11. Commentez les dictons: A bon vin point d'enseigne; nourriture passe nature; la vérité est au fond d'un puits.
  12. Dessinez: une maison à sept pignons; une muraille crénelée; une enseigne d'auberge; un chapeau cardinalice.

(G.) 13. Temps primitifs des verbes réguliers: *s'épanouir, aboutir;* et irréguliers: *dormir, cueillir.* Que remarquez-vous à propros des terminaisons du part. prés. et du prés. indic. des verbes réguliers et irréguliers?
  14. Ecrivez la 1ère pers. du plur. du prés. indic. et subj., de l'imparf. indic. et de l'impér. de: *démolir, servir.*
  15. Au passé indéfini: mes papiers ne s'*éparpillent* pas, je les *sèche.*

10ᵉ Exercice: pages 38–42. 2ᵉ Conjugaison.

Tircis, we must turn our thoughts to retirement. The course of our days is already more than half run. Time enough we have seen our bark sail upon the sea of the world at the whim of the waves. The moment has come to enjoy the delights of the harbour. Perishable is fortune's wealth! Who builds upon it builds on sand. The more exalted one is, the more dangers one runs. The great pines are the target of the tempest's onslaught, and the fury of the winds shatters the pinnacle of the king's palace rather than the shepherd's roof. Happy the man who, far from the madding crowd, lord of his fertile domain, his little empire, sees the moist valleys and the lush meadows vying with each other to fill his cellars and his barns. (Honorat de Racan: *Stances à Tircis*.)

(T.) 1. Qu'est-ce qui distingue les vallées de la Creuse et de la Claise, et à quelles vallées anglaises pouvez-vous les comparer? 2. Qu'apprenez-vous dans ces quelques pages sur les distractions et les industries françaises?

(M.) 3. Qu'est-ce qu'un affluent? un confluent? une rivière? un ruisseau? un étang? une mare? une flaque?

4. Qu'est-ce qui écume? coule? abrite? pousse? rampe?

5. Qu'est-ce que le cadenas ferme—le beffroi renferme—le chien remue—le héron attrape—le jardinier arrose?

6. Que fabrique-t-on dans une papeterie? dans une tuilerie? dans une briqueterie? dans une tannerie? dans une soierie?

7. D'où dévale-t-on? qu'est-ce qu'on avale?

8. Qu'est-ce que le berceau d'un poète? quel fut votre berceau?

9. De quoi se sert-on au billard pour pousser les billes? Comment le chien montre-t-il son contentement? A quelles occasions vous mettez-vous à la queue?

10. Quelle date ne trouve-t-on que dans l'année bissextile?

11. Quels sont les noms de cent et de mille? Quel autres noms collectifs se forment comme celui de *cent*? Desquels dérivent les mots *dozen* et *quarantine*?

12. *Elle a quelque chose de frais*; répondez d'après ce modèle: qu'est-ce qui distingue le prêtre—le pêcheur—l'usine?

13. Trouvez le *nom* de: vertueux, vicieux, monotone; l'*adjectif* de: la craie, l'os, la fièvre, la mousse, le poil, la barbe.

(G.) 14. Temps primitifs de: blottir, périr, sentir, ouvrir; quels verbes se conjuguent comme *sentir* et *ouvrir* respectivement?

15. 1ᵉʳᵉ et 3ᵉ pers. du sing. du passé défini de: inquiéter, posséder, ériger, nourrir, souvenir, retenir, s'endormir, desservir.

16. Trouvez cinq adverbes qui se forment comme *plaisamment*.

11ᵉ Exercice: Résumé: pages 1–42.

(T.) 1. Quel château est *le carrefour de trois époques distinctes?* 2. Quel titre a-t-on décerné à la Touraine? 3. Quelles sont les couleurs de la ville de Tours? 4. Quel fut le métier de Tristan Lermite? 5. Quel est le doyen des donjons de France? 6. Entre Candes et Montsoreau ne paît ni vache, ni veau; pourquoi? 7. Comment expliquer l'harmonie du château d'Azay-le-Rideau? 8. Quel commerce la ville de Richelieu fait-elle? 9. Pourquoi le collège de Christ Church à Oxford a-t-il le même emblème que le chapelier de Richelieu? 10. Que chante le poète Racan? 11. Pourquoi Descartes eut-il la figure sérieuse? 12. Quel titre enviable donne-t-on à Agnès Sorel? 13. Comment vous représentez-vous le château de Chinon?

(M.) 14. Trouvez *un adjectif* convenable pour: la brume, le fardeau, le goût, la nappe, les beuveries; *un nom* convenable pour: printanier, accidenté, pluvieux, commerçant, cossu, gastronomique.

15. Qu'est-ce qu'une mouette? une taupe? un geai? une lamproie? une sole? un saule? un sillon? un puits? un phare? un auto? un berceau? une bêche? une pêche?

16. Comment s'appelle celui qui a la garde d'une école? qui se promène sans but? qui s'introduit quelque part sans être invité?

17. On dit un bouquet *de bois;* une flaque de quoi? une purée de …? une poignée de …? une rangée de …? un tas de …? un seau de …? un jet de …? un troupeau de …?

18. Qu'est-ce qu'on ménage? gère? fond? fonde? bat? bâtit? veille? arrose? tanne? épargne? peint? peigne? accueille?

19. A quelle personne la craie est-elle utile? la réglisse? une béquille? un damier? un plateau? un arrosoir? une enseigne?

20. Avec quoi fait-on des toitures? des cordes? des cravates?

21. De quelle couleur est la pie? le jais? la craie? l'ardoise? la tuile? le chapeau cardinalice?

22. Trouvez deux acceptions: le soleil, le berceau, le bas, la flèche, la queue, le pavillon, la poivrière.

23. Trouvez des synonymes: une crue, la réussite, un lieu, une ère, un fléau, l'agrément.

24. Nommez un arbre fruitier; un arbre de forme pyramidale; une plante aquatique; un arbuste épineux; un arbrisseau toujours vert; un arbre grimpant; un fruit séché; la reine des fleurs; un légume exquis; votre fruit de prédilection.

(G.) 25. Ajoutez un régime et mettez au passé défini: on épelle, digère, pèse, ménage, exerce, guérit, cueille, doit, perçoit, fond, étend.

12ᵉ Exercice: pages 42–45. 2ᵉ Conjugaison.

Sonnet, "A la rivière du Loir," à apprendre par cœur:

> Réponds-moi, méchant Loir, me rends-tu ce loyer
> Pour avoir tant chanté ta gloire et ta louange?
> As-tu osé, barbare, au milieu de ta fange
> Renversant mon bateau, sous tes flots m'envoyer?
> Si ma plume eût daigné seulement employer
> Six vers à célébrer quelque autre fleuve étrange,
> Quiconque soit celui, fût-ce le Nil, ou Gange,
> Le Danube ou le Rhin, ne m'eût voulu noyer.
> Pindare, tu mentais, l'eau n'est pas la meilleure
> De tous les éléments, la terre est la plus sûre,
> Qui de son large sein tant de biens nous départ.
> O fleuve Stygieux, descente Achérontide,
> Tu m'as voulu noyer, de ton chantre homicide,
> Pour te vanter le fleuve où se noya Ronsard.

(T.) 1. De quelles façons la contrée du Loir est-elle privilégiée? 2. Pourquoi les Martel dédièrent-ils une abbaye à la sainte Trinité?

(M.) 3. Quelles boucles portent les femmes? Comment s'appelle le panier qui a des bretelles? Que retiennent les bretelles d'ordinaire? Avec quoi fait-on des ceintures? Que pare-t-on avec de la dentelle? A quoi sert une broche? Que mouche-t-on avec des mouchettes? avec un mouchoir? A quoi s'attache le lierre? Que soutient un arc-boutant? Quel est l'instrument, soi-disant de musique, écossais?

4. Qu'est-ce qu'une masse? une messe? un cru? une crue? un terrier de renard? un chien terrier?

5. Pourquoi le pèlerin se munissait-il d'une coquille?

6. Commentez les dictons: on dort comme un *loir*; nul n'est prophète en son pays.

7. Un seul adjectif: un puits qu'on ne peut *épuiser*; une faute qu'on ne peut *excuser*; un mets qu'on ne peut *manger*.

8. Un seul nom: celui qui habite une caverne; qui a trop longtemps servi à la guerre; qui jouit d'un privilège; qui joue; qui boit; qui peint.

(G.) 9. Temps primitifs: envahir; acquérir; fuir; mourir; haïr.

10. Faites un tableau du verbe *accueillir*; les cinq temps primitifs et, au-dessous de chacun, les temps dérivés, quinze temps en tout.

11. Au futur: on *fuit* ses compagnons, on se *rassied*, on se *recueille*, on *revoit* sa grammaire, on *acquiert* de nouvelles richesses.

12. Au passé indéfini: quels fruits de ce labeur *recueillez*-vous?

13ᵉ EXERCICE: pages 45–48. 3ᵉ CONJUGAISON.

D'après les modèles que M. Guerlin vous offre, écrivez une petite étude sur la faune et la flore d'une contrée que vous connaissez, ou sur les industries d'une ville que vous avez habitée.

(T.) 1. Quel est le fruit de la Touraine par excellence? 2. Quels autres fruits y poussent? 3. En fait de légumes que constate-t-on? 4. Quel rôle saint Martin et Rabelais ont-ils joué dans la culture de la vigne? 5. Est-ce que les routes tourangelles sont bien ombragées? 6. Comment vous figurez-vous le chasseur et le pêcheur de la Touraine? 7. Qu'est-ce que vous apprenez sur l'élevage des poules en Touraine?

(M.) 8. Quel arbre porte des amandes? des prunes? des olives? des grenades? des pêches? des noix? des raisins? des glands?

9. Nommez un poisson d'eau douce—de mer; deux oiseaux aquatiques; l'oiseau qui vient dans la saison pluvieuse.

10. Expliquez l'adjectif: un élève *matinal*; un cru *réputé*; un *dodu* dindon; un raisin *plébéien*; une culture *fructueuse*; un vin *capiteux*.

11. En un seul mot: l'ensemble des plantes—des animaux d'un pays; les légumes hâtifs; une forêt de grands arbres; une division d'un arrondissement; le sens qu'on donne à un mot; un chasseur intrus sur les terres d'autrui.

12. Faites des phrases pour distinguer entre: le terme, le trimestre; la broche, le brochet, la brochure; un gourmet, un gourmand; l'oie, l'oison; l'acception, l'acceptation; la haie, haïe!

13. Qu'est-ce qui atterre? attriste? soulage? ragaillardit? brille? luit? qu'est-ce qu'on approfondit? chasse? élève? effeuille? feuillette?

(G.) 14. Temps primitifs: refléter, démanteler, amener; devoir, recevoir, concevoir, décevoir.

15. Dans les verbes comme *décevoir*, devant quelles lettres le *c* prend-il une cédille? Devant quelles syllabes faut-il le radical fort *-oiv-*?

16. 1ᵉʳᵉ et 3ᵉ pers. du sing. du passé déf. de: détester, haïr, apercevoir, ménager, exercer, chérir, se souvenir, percevoir.

17. Au passé défini: rien ne *coûte* quand il *s'agit* de satisfaire une passion: les difficultés mêmes *ragoûtent, piquent, réveillent*.

18. *Le tableau le plus parfait qu'on* PUISSE *rêver*: faites trois phrases en intercalant dans chacune le subjonctif après le superlatif.

88 EXERCICES

14ᵉ EXERCICE: pages 49–52. 3ᵉ CONJUGAISON.

In 481 Clovis, King of the Franks, won a great victory at Soissons over Syagrius. When the booty was being divided, Remi, bishop of Rheims, claimed a precious vase which had been taken from one of his churches. Clovis begged for the vase and everyone agreed that he should have it except one soldier who struck the vase with his axe, saying, "You shall have only what the lot has given you." Clovis kept silence. In the following year, he reviewed his army. When he arrived in front of the man who had destroyed the vase, he found the man's weapons in a bad state. He seized them and threw them on the ground. As the man stooped to pick them up, this cruel King killed the man with his sword. "You suffer," he said, "as the vase did last year at Soissons."

(T.) 1. Qu'est-ce qui suit l'ère géologique? 2. Quels vestiges des Romains se voient en Touraine? 3. Que savez-vous du roi Clovis? 4. Commentez cette pensée de La Bruyère: Il me semble que l'on dépend des lieux pour l'esprit, l'humeur, la passion, le goût et les sentiments.

(M.) 5. Quels ouvriers travaillent dans un atelier? dans un vignoble?
6. Au bord de la mer, à quel moment se baigne-t-on de préférence? de quoi se composent les plus belles plages?
7. A quoi servent les coquilles? à quoi sert un coquetier? l'argile? l'engrais? un polissoir? un grattoir?
8. Expliquez les mots en italique: les fautes *pullulent*; l'œil du maître *engraisse le cheval*; on va contre *vent et marée* mais on restera *dans la bonne voie*; *nourriture* passe nature.
9. Faites des phrases pour distinguer entre: un droit, un endroit; le sol, le soleil; le martyr, le martyre; la gaule, la Gaule; recouvrer, recouvrir; le pillage, le pilleur, la pilule.
10. Contraire: le *haut* du sac; la *fin* de la carrière; l'eau *douce*; la voie *large*; le *beau* temps; un timbre *commun*; l'affluence *décroissante*; la tâche *achevée*; le prix *inattendu*.
11. En un seul mot: celui qui lit, survit, étudie, écrit l'histoire, écrit des romans, travaille de la main, voyage par dévotion, a la direction d'un diocèse.

(G.) 12. Temps primitifs: saccager, accomplir, voir, savoir, pouvoir, mouvoir.
13. Au futur: on *vient*, on *voit*, on *vainc*; on ne *peut* mieux.
14. A l'impératif 2ᵉ pers. sing.: *adorer, comprendre, recevoir, sentir, donner, agir*; voilà ta loi, ton devoir, ton bonheur, ton ciel.

15ᵉ Exercice : pages 53–56. 3ᵉ Conjugaison.

(T.) 1. Au temps du roi Egbert d'Angleterre quel roi régnait sur la Touraine et quel était le sort de la province? 2. Quel rôle joua Henri II d'Angleterre dans l'histoire de la Touraine? 3. Comment se fit-il que Richard I fut enterré à Fontevrault? 4. Quand la Touraine fut-elle incorporée au royaume de France? 5. Quelles sont les dates de la Guerre de Cent Ans? 6. Quelle fut *la grande période* de la Touraine? De quelle façon fut-elle grande? 7. Pourquoi l'année 1562 fut-elle une sombre période? Qu'est-ce qui se passa en Angleterre dans cette année? 8. Quels malheurs tombèrent sur la Touraine au xviiᵉ siècle? 9. Commentez les mots: La destinée de Tours est de redevenir capitale aux heures des grands désastres.

(M.) 10. A quelle occasion fait-on patte de velours? porte-t-on une culotte? une ceinture? essaie-t-on d'être calligraphe?

11. Expliquez les mots en italique: La vie eut bien pour moi de *volages* douceurs; il faut *espacer* les visites; plutôt un vin *velouté* qu'un vin âpre; sa prospérité *actuelle* se voit.

12. Faites des phrases pour distinguer entre: une preuve, une épreuve; un espace, une espèce; le sort, la sorte, la sortie; la hâte, la haine; une tanière, une tannerie; le cortège, la procession; le cri, la crise; le legs, le laid, le lait.

13. Un seul verbe: prendre tout pour soi; mettre à sac; craindre fort; désirer avidement; dégarnir d'habitants; ôter ce qui embarrasse.

14. Qu'est-ce qui croule? roule? coûte cher? sent bon?

15. Qu'est-ce qu'on récolte? foule? épargne? écarte? ménage?

16. Comment s'appelle celui qui a perdu son courage moral; qui a une belle écriture; qui s'enfuit; qui souffre d'une blessure; qui jouit de la faveur particulière du ciel.

17. Trouvez deux acceptions: un éclat; un ballon; l'adresse; la pompe.

18. Synonymes: le site, la trace, la route, le combat, la dégénération.

19. Faites quelques réflexions spirituelles sur les dictons: un chien regarde bien un évêque; habit de velours, ventre de son; bonne réputation vaut mieux que ceinture dorée.

(G.) 20. Temps primitifs: enseigner, réfléchir, prévoir, valoir, falloir, pleuvoir.

21. Au prés. indic. et au futur: il *valut* mieux s'exposer à l'ingratitude que de manquer aux misérables. (La Bruyère.)

22. Mettez à l'imparf. et vous ferez deux vers français: Et ses savantes mains *prennent* mes jeunes doigts, les *lèvent*, les *baissent*, *recommencent* vingt fois,

Leur enseignant ainsi, quoique faibles encore,
A fermer tour à tour les trous du buis sonore.

16ᵉ EXERCICE: pages 56–60. 4ᵉ CONJUGAISON.

Thus the Tourangeau, so remarkable abroad, at home remains like the Indian on his mat, the Turk on his divan; he uses his wits for bantering his neighbour, for enjoying himself, and reaches the end of life happy. Touraine is that abbey of Thélème so belauded in the book of Gargantua; it is there that the good cheer, of which Rabelais sang the praises, rules as sovereign. As for indolence, it reaches the sublime, the popular saying well expresses it: "Tourangeau, do you want some soup?" "Yes." "Bring your bowl." "I'm not hungry any longer."

(Balzac: *L'illustre Gaudissart.*)

(T.) 1. Est-ce que le Tourangeau est *un lion pour le travail?* 2. Comment se fait-il qu'il ait le goût du luxe? 3. De quel défaut l'accuse-t-on? 4. D'où vient son penchant pour le badinage? 5. Comment expliquer la pléiade d'écrivains et de médecins dont la Touraine se vante? 6. Dans lequel des beaux arts excelle le Tourangeau et pourquoi?

(M.) 7. L'oisiveté engourdit l'esprit; comment le dégourdir?

8. En un mot: celui qui fait des discours populaires; vit de son pinceau; aime la sagesse; aime trop le plaisir; croit difficilement.

9. On dit une gorgée *de vin*; une lampée de …? une bouchée de …? une poignée de …? une plumée de …? une brouettée de …? un éclat de …? un brin de …?

10. Synonymes: je *suis d'accord, dorénavant* je ne ferai rien *malgré* vos conseils, je serai *sur mes gardes* contre les tentations.

11. Contraire: un air *vif*; une figure *rébarbative*; une toilette *luxueuse*; un maître *exigeant*; un écrivain *ennuyeux*; une lecture *tonique*; un sourire *fuyant*; le *bon* chemin; un temps *exquis*.

12. *Voilà plus qu'il N'en faut*; exprimez en vous servant d'un comparatif: je ne pensais pas que le concert serait si long (le concert était plus long …); on ne devrait pas flâner tant (on flâne …); je ne comptais pas voir si tôt l'azur radieux du ciel (j'ai vu plus …); on n'aime pas une question exagérément longue (cette question est …).

(G.) 13. Temps primitifs: réussir, exiger, répondre, répandre, fondre, étendre.

14. Faites le tableau de: rendre; et conjuguez le prés. indicatif.

15. Conjuguez le passé défini: guérir, recueillir, perdre, prétendre.

16. Ajoutez la forme qui convient de *pleuvoir*: il … maintenant, il … demain; je crains qu'il ne … après-demain; il a … hier; la semaine dernière il … sans cesse. Pluie exagérée, en un mot.

17ᵉ EXERCICE : pages 60–63. 4ᵉ CONJUGAISON.

At Ghent I was often invited to entertainments at the house of
Mr and Mrs Ops, a venerable couple who were usually surrounded by
some thirty children, grandchildren and great-grandchildren. At the
house of Mr Coppens, a dinner, at which I was obliged to be present,
was prolonged from 1 o'clock in the afternoon till 8 in the evening.
I counted nine courses; we began with preserved fruits and ended with
cutlets. Only the French know how to dine in a systematic way, as only
they know how to put a book together.

(Chateaubriand : Mémoires d'Outre-Tombe.)

(**T.**) 1. Quelle preuve a fait la Touraine d'un esprit aventurier ? 2. De quelles
façons se manifeste en Touraine le goût pour la bonne chère ?
3. En ce qui concerne la beauté des femmes de quelle réputation
jouit la Touraine ?

(**M.**) 4. Quel rapport y a-t-il entre les marchandises du confiseur et du
charcutier et celles du pharmacien ? Lequel de ces marchands
préférez-vous fréquenter ?

5. Qu'achète-t-on chez le libraire ? quelle est la fonction du bibliothécaire ? que vend le pharmacien ? que cultive le chimiste ? de
quoi s'occupe le cuisinier ? dans quel but entre-t-on chez le
pâtissier ? quelle est la besogne du coiffeur ? du fleuriste ?

6. Que faut-il pour avoir des amis loyaux ? pour pratiquer comme
médecin ? pour faire réussir l'industrie moderne ?

7. Que font certaines dames *pour réparer des ans l'irréparable outrage* ?

8. Synonymes : une jolie petite figure ; idées fantastiques ; viande de
porc hachée et mêlée de graisse ; la ressemblance avec les aïeux ;
le manque de zèle ; une période périlleuse dans une industrie.

9. Contraire : *plus de* travail, *plus de* corvées, *encore des* jeux.

10. Employez dans des phrases : tant ; autant ; d'autant plus ; pourtant ;
voire ; toutefois ; toutes les fois ; plus de pâtisseries ; encore des
drogues.

11. Comment appelle-t-on celui qui—ce qui—habite une ville, la
campagne, une ruche, un pigeonnier, une taupinière, une
crapaudière ?

12. Interprétez les dictons : à bon vin point d'enseigne ; il ne faut pas
badiner avec l'amour ; qui compte sans son hôte compte deux fois
l'homme n'est jamais rural que par contrainte.

13. *Il craint que vous* NE PRENIEZ *l'offensive* ; faites précéder de *on craint*
vous vous engraissez ; vous préférez le confiseur au libraire.

(**G.**) 14. Temps primitifs : compromettre, prendre, craindre, peindre, joindre,
naître, connaître, plaire, taire, traduire, luire, nuire, boire, suffire.

15. Tableau du verbe : *suivre*, avec tous les temps conjugués.

18ᵉ EXERCICE: pages 64–69. 4ᵉ CONJUGAISON.

All else for which the builders sacrificed has passed away—all their living interests and aims and achievements. We know not for what they laboured and we see no evidence of their reward. Victory, wealth, authority, happiness—all have departed, though bought by many a bitter sacrifice. But of them and their life and toil upon the earth, one reward, one evidence is left to us in those grey heaps of deep wrought stone. They have taken with them to the grave their powers, their honours and their errors; but they have left to us their adoration.

(Ruskin: *The Seven Lamps of Architecture*.)

(T.) 1. Quelles sont les idées maîtresses de l'art tourangeau? 2. De quelle façon profita la province (*a*) du culte de saint Martin, (*b*) de la conquête angevine, (*c*) du triomphe de la monarchie française au xvᵉ siècle? 3. Quelle fut la grande découverte des architectes romans et quel retentissement eut-elle en Touraine? 4. Résumez l'histoire de l'édification de la cathédrale de Tours.

(M.) 5. Comment le métayer paie-t-il ses terres? quel est le monsieur qui fait de grandes affaires d'argent?

6. Qu'est-ce que le verrier fabrique? le tapissier? le confiseur? l'émailleur? le porcelainier? le bijoutier? l'horloger?

7. Que cueille-t-on dans le verger? dans la roseraie? quelle est la fleur française par excellence? quel arbre porte des baies?

8. Qu'est-ce qu'un bourgeois *parvenu*? un artiste *d'outremonts*? *un pan* de mur? un jalon *à mi-chemin*? une recette *infaillible*?

9. Qu'est-ce qu'on croque? enseigne? guérit? éclaire? prête? emprunte?

10. Qu'attrape-t-on avec un filet? qu'abat-on avec une gaule?

11. Trouvez une phrase adverbiale: à qui mieux mieux; furtivement; aucunement; médiocrement; foncièrement; désormais.

12. Composez des phrases pour faire ressortir deux acceptions de: la ruche, la baie, l'herbe, le genre, la nef, la pêche.

13. Dessinez le plan d'une cathédrale avec des chapelles absidales; un arc (roman) de plein cintre; un arc ogival; une rosace.

(G.) 14. Temps primitifs: exercer, définir, croire, croître, vivre, vaincre, lire.

15. 1ᵉ et 3ᵉ pers. sing. passé déf.: ménager, ficeler, attraper, divertir, apercevoir, voir, croire, survivre, convaincre, relire, éteindre.

16. Au passé indéfini: La grâce nous *touche* de façon inopinée, elle *descend* comme un manteau de suave soleil, comme le parfum sucré qui *tombe* des tilleuls, vous *sentez* que la richesse vous est rendue. (Duhamel.)

19ᵉ EXERCICE: pages 69–73. 4ᵉ CONJUGAISON.

To make a traveller an agreeable companion to a man of sense, it is necessary not only that he should have seen much, but that he should have overlooked much of what he has seen. It is certain that one may be guilty of omission, as well as of the opposite extreme; but a fault on that side will be more easily pardoned, as it is better to be hungry than to be surfeited; and to miss your dessert at the table of a man whose garden abounds with the choicest fruit than to have your taste affronted with every sort of trash that can be picked up at the green-stall or the wheelbarrow. (Henry Fielding: *A voyage to Lisbon.*)

(T.) 1. Quel fut le premier château royal de la Touraine? Quels rois anglais furent les contemporains de Charles VII et Louis XI? 2. Qu'est-ce que l'influence italienne avait de beau et de laid en Touraine? 3. Nommez un château qui est tourangeau par excellence et dites comment *il sent le terroir.* 4. Quelle fut la grande période de l'art tourangeau? Quels sont les plus remarquables monuments anglais de la même période? 5. Qu'entendez-vous par l'harmonie et la mesure dans l'architecture? Trouvez-vous ces qualités exquises dans l'architecture de la ville que vous connaissez le mieux? 6. Peut-on avec raison éprouver quelque fierté d'être né et nourri en Touraine?

(M.) 7. Quel est votre pays de naissance? d'adoption? qu'est-ce que vous goûtez à la campagne? dans les musées? Combien d'étapes feriez-vous en allant à bicyclette d'Oxford à Cambridge?

8. De quoi le bon élève tire-t-il parti? s'engoue-t-il?

9. Que faut-il pour rendre un terroir fertile? à quelle maîtrise aspire le sage? Lequel mange-t-on: merle, merlan, merlon?

10. Comment distinguer entre: le sage, le savant, le pédant?

11. En un mot: le produit du potier, du faïencier, du porcelainier; l'usine où on fabrique du fil; l'exagération dans l'expression.

12. Contraire: la *rigidité classique*; l'*emphase teutonique*; une conversation *divertissante*; une cravate *non convenable*; une dame *rébarbative*; un matin de *février, ingrat, abandonné*; un bilan *adverse*; un dîner *refroidi.*

(G.) 13. Temps primitifs: mêler, mélanger, réchauffer, refroidir, bâtir, battre, coudre, résoudre, rire, dire, écrire, cuire, séduire (écrivez la Iᵉʳᵉ et la 3ᵉ pers. du passé défini de chaque verbe).

14. Ecrivez *on commence par* au lieu de *en,* et changez comme il convient la forme du verbe: en ménageant, en exerçant, en veillant, en accueillant, en lisant, en peignant, en recouvrant.

20ᵉ Exercice : Résumé : pages 42–73.

1. A quoi s'occupe le pêcheur? le braconnier? le vacher? la cuisinière? le bibliothécaire? le savant? le prêtre? le dessinateur?
2. Qu'est-ce qui a une corniche? une boucle? des brides? une frange? qu'est-ce qu'on mélange? éteint? hausse?
3. Que cherche-t-on dans une ruche? une huche? un verger? un jardin potager? un étang? une pharmacie? une confiserie?
4. Comment mange le gourmet? le gourmand? quel poisson offririez-vous à celui-ci? à celui-là? A quelle fête mange-t-on du dindon? Que sert-on sur un plateau? Quand met-on la nappe? Où achète-t-on des saucisses? des gâteaux?
5. Quelle est *la veille* du Vendredi saint? qu'est-ce qu'un conte de *vieille*? Combien de temps met-on à bâtir une cathédrale? Quel est le symbole de saint Jacques?
6. De quoi s'empare l'accapareur? où pullulent les châteaux? pourquoi certaines dames se fardent-elles?
7. Donnez une recette *contre* une entorse; la toux; une indigestion; *pour* une salade; une omelette; des rillettes.
8. On dit: bavard comme une pie; faites des comparaisons avec les noms: un dindon, une oie, un paon, un lièvre, un crapaud, un chêne, un coing; et les adjectifs: glorieux, vilain, jaune, peureux, bête, glorieux, gourmand.
9. Expliquez l'adjectif: un médecin *expérimenté*; un élève *arriéré*; un exercice *anonyme*; une lecture *déprimante*; un discours *méandrique*; une question *brûlante*; les qualités *foncières*; l'appétit *aiguisé*; les lits *jumeaux*; le pré *émaillé*; le filet *troué* (la mémoire, quelquefois).
10. Trouvez l'adjectif et joignez-le à un nom qui convient: l'aristocratie, la plèbe, l'esprit, le proverbe, le délice, le silence, la superstition, le luxe, le nombre, la rareté, la politesse.
11. Distinguez: Le Loir, un loir; la Gaule, une gaule; Trousseau, un trousseau; Trompette, une trompette; Mansard, une mansarde; le parti, la partie; voir, voire; le fond, le fonds; le rat, la rate; le legs, le lait; le mets, le maïs; le chaos, le kaolin; l'eau salée, le pré-salé, le prix salé.
12. Synonymes: le plaisir le plus délicat est de faire celui *d'autrui*; les voyages que nous avons accomplis sans compagnon ne laissent qu'un souvenir *lugubre* et *déprimant*; plus de *rafales*, bientôt *nous arriverons à bon port*.

13. Terminons en apprenant par cœur ces vers de La Fontaine:

      Mais le plus bel objet, c'est la Loire sans doute:
      On la voit rarement s'écarter de sa route;
      Elle a peu de replis dans son cours mesuré;
      Ce n'est pas un ruisseau qui serpente en un pré,
          C'est la fille d'Amphitrite,
          C'est elle dont le mérite,
          Le nom, la gloire, et les bords
          Sont dignes de ces provinces
          Qu'entre tous leurs plus grands trésors
              Ont toujours placé nos princes.
              Elle répand son cristal
              Avec magnificence;
              Et le jardin de la France
              Méritait un tel canal.

LEXIQUE

des mots les moins usités

abattre, to knock down, pull down, fell; *s'abattre*, to fall
une **abbaye**, an abbey
une **ablette**, an ablet, bleak (small *white* fish)
un **abord**, contact, meeting, sight
aboutir, to end, terminate, have a result, come to anything
un **abri**, a shelter, screen, defence
abriter, to shelter, shield
absidal, forming an apse (space, originally semi-circular, at east end of church, behind altar)
l'**Acadie**, *f.*, name given by the French to the province of Canada now known as Nova Scotia
accaparer, to monopolise, engross, captivate
s'**accentuer**, to grow more marked
une **acception**, an acceptation, sense, meaning
accidenté, undulating, hilly, chequered
accommodant, obliging, easy to deal with
s'**accouder**, to lean on one's elbow
accrocher, to hook up, attach, hang
un **accroissement**, an increase, growth, expansion
accroître, to increase, add to
accueillir (to gather to oneself), welcome, receive, entertain; *accueillant*, accessible, genial, hospitable
achever, to achieve, complete, go on, go on to the end
actuel, present, for the time being
l'**acuité**, *f.*, acuteness, keenness

adoncques = *une fois*, once upon a time, aforetime
une **adresse**, an address; skill, cunning
une **affluence**, a flow, influx, crowd, concourse
un **affluent**, a tributary
affluer, to flock, to crowd
agir, to act; *il s'agit de travailler*, it is a matter of working; *le travail dont il s'agit*, the work in question, at issue
l'**agrément**, *m.*, charm, pleasure, gratification, ornament
s'**agripper à**, to cling to, lay hold of
aigrelet, rather sour, tart
aigu, sharp, pointed
l'**aigue-marine**, *f.*, aquamarine (a stone of the colour of sea water); blue-green (adj.)
une **aile**, a wing
ailleurs, elsewhere; *d'ailleurs*, moreover, besides
l'**aisance**, *f.*, ease, comfort, affluence
l'**ajonc**, *m.*, gorse
ajouter, to add
Albret, Jeanne d', mother of *Henri IV*
un **alignement**, a row, line
alimenter, to feed, supply
l'**allégresse**, *f.*, lightheartedness, gaiety
allonger, to stretch out, extend
d'**alluvion**, alluvial
l'**allure**, *f.*, gait, manner, bearing, air, appearance
une **alose**, a shad
altier, lofty
l'**altitude**, *f.*, height

un **amandier**, an almond-tree

une **âme**, a soul

l'**aménité**, *f.*, amenity, pleasantness

un **amiral**, an admiral

amonceler, to heap up, accumulate

en **amont**, up-stream

un **amour**, a love

un **amoureux**, a lover

l'**an** mil, the year 1000 A.D.

un **angar** = *le hangar*, open shed, outhouse, lean-to

Angelico, Fra, Florentine painter, 1387–1455

angulaire, angular, at the corner(s)

l'**anis**, *m.*, aniseed

Anne de Bretagne, married Charles VIII (1491) and Louis XII(1499), and united Brittany to France

d'**antan**, of old time

s'**apaiser**, to grow calm

l'**apathie**, *f.*, apathy, listlessness

apocryphe, apocryphal, spurious

l'**appareil**, *m.*, pomp, apparatus; *en petit et grand appareil*, with courses of small stones and large

une **apparition**, an appearance, sight

apprécier, to value, appraise, judge

apprendre, to apprehend, learn

apprêter, to make ready, prepare

approfondir, to search into, make a deep study of

un **appui**, a support

s'**appuyer**, to rest upon

âpre, harsh, rugged

l'**âpreté**, *f.*, ruggedness, roughness, violence, inclemency

une **arbalète**, a cross-bow

un **arc**, a bow, arch; *l'arc en accolade*, ogee arch

une **arcature**, an arcade

un **arc-boutant**, a flying-buttress

un **archéologue**, an archaeologist

un **archevêché**, an archbishop's palace

une **archivolte**, a moulding decorating under curve of arch

une **ardoise**, a slate

une **ardoisière**, a slate-quarry

ardu, arduous

un **are**, 100 sq. metres, about 120 sq. yards

l'**argent**, *m.*, silver; *l'argent vif*, quick-silver

argenté, silvery

l'**argile**, *f.*, clay

les **Armagnacs**, the opponents of the Burgundians in the civil war of 1410–35

l'**arrachement**, *m.*, remains, 'toothing' (projecting stones left at end of unfinished wall)

arracher, to tear up (by the *roots*), wrest

arrêter, to stop, check, arrest

en **arrière**, behind, in the rear

une **arrière-pensée**, a mental reservation, ulterior or secret design

arroser, to water

un **assassinat**, a murder

assis (*asseoir*), seated, sitting; laid, established

assouvir, to gratify, satiate

l'**atavisme**, *m.*, atavism, harking back to remote ancestors

un **atelier**, a workshop, studio

s'**attarder**, to delay, linger, dally

atteindre, to attain, reach

atterré, stranded; amazed, flabbergasted

attester, to attest, bear witness to, prove

attirer, to attract, draw

attrister, to sadden; *attristé*, lugubrious, melancholy

une **aube**, a dawn

une **auberge**, an inn

aucunement, in no way, by no means

augmenter, to augment, increase

une **aumône**, an alms

l'**Austrasie**, *f.*, eastern part of the Merovingian dominions

d'**autant plus**, all the more

un **auto**, a (motor-) car

autoritaire, loving authority, imperious, dictatorial

autrui, others (after a preposition)

auvergnat, of Auvergne

en **aval**, down-stream

avenant (coming to meet one), prepossessing, engaging, affable

s'**avilir**, to degrade oneself; lose value

avisé, prudent, wise, discreet

avouer, to avow, admit, confess

Babou, Jean, secretary of *François I*, father of seven fair daughters, one of whom, *Françoise*, married *Antoine d'Estrées*, and was the mother of *Gabrielle*

Bac, la rue du, street of Paris, *7ᵉ arrondissement*

badiner, to jest

la **baie**, the bay; berry

le **baigneur**, the bather, visitor

balayer, to sweep

le **ballon**, the balloon, football

Balzac, Honoré de, 1799–1850, novelist

banal, commonplace

Banville, Théodore de, 1823–91, poet and dramatist

barboter, to paddle, splash water about

la **barque**, the boat, fishing vessel

le **barrage**, the dam, weir

Barthélemy, Jean-Jacques, 1716–95, archaeologist

basané, swarthy

le **bas-côté**, the aisle

la **basilique**, basilica (oblong church with colonnades and apse)

la **bâtière**, the pack-saddle; *en bâtière*, with saddleback roof

la **bâtisse**, the building

le **bavardage**, chattering

la **bécasse**, the woodcock

la **bêche**, the spade

le **beffroi**, the belfry

la **Belle au Bois dormant**, Sleeping Beauty

belliqueux, bellicose, warlike

le **belvédère**, the belvedere (turret with view over beautiful scenery)

le **bénéfice**, the profit, benefit

bénir, to bless

la **béquille**, the crutch

Béranger, Jean-Pierre de, 1780–1857, writer of songs

le **berceau**, the cradle, birthplace

le **berger**, the shepherd

berrichon, of (the province of) Berry

la **bête,** the beast, creature; stupid (adj.)

la **beuverie**, drinking, imbibing

la **bibliothèque**, the library

le **bien**, good, benefit, property

bienfaisant, beneficent, kindly

le **bienfait**, the benefit, good office, favour

le **bienfaiteur**, the benefactor

bienveillant, well-disposed, kindly

le **bilan**, the balance sheet

les **billevesées**, *f.*, old wives' tales

bizarre, odd, strange, weird

la **blancheur**, whiteness

le **Blésois**, region around Blois

blond, blond, fair, golden

se **blottir**, to huddle, crouch

le **Boccador** = *bouche d'or*

le **bœuf**, the ox

le **bois**, wood, wooden statue; *l'avenue du Bois*, avenue of *le Bois de Boulogne*, the famous park of Paris

boisé, bosky, wooded

Bonhomme, Jacques, ' the man in the street '

Bordes, Charles, 1865–1909, musician

borner, to limit, confine

la **Bosnie**, Bosnia

le **bosquet**, the bosket, woodland

Boucicaut, Jean de, captured at Agincourt, died in England 1421

la **boucle**, the buckle, curl, loop

le **bouquet**, the bouquet (of flowers), perfume (of wine), clump (of trees)

bourbeux, miry, muddy

la **bourgeoise**, the middle-class woman; plain, homely lady

le **Bourguignon**, the Burgundian

la **bourrasque**, squall; fit of anger

le **bourreau**, the executioner

la **boutique**, the shop

le **braconnier**, the poacher

branlant, shaky, tottering

la **brème**, the bream

la **bride**, the bridle; string (of bonnet)

brièvement, briefly

briller, to shine

le **brin**, the blade, sprig, morsel, bit

la **brise**, the breeze

la **broche**, the spit, brooch

le **brochet**, the pike

bronzé, bronzed, tanned, golden-brown

le **brouillard**, the fog

les **broussailles**, *f.*, brambles

brûler, to burn, be on fire

la **brume**, mist, haze

Saint **Bruno**, founder of Carthusian order, 1030–1101

bruyant, noisy

la **bure**, stuff, (woollen) cloth

le **butor**, the bittern, booby

le **cadenas**, the padlock

le **cadre**, the frame, setting

Caesarodunum, Roman town on site of Tours (p. 64)

la **cage**, the cage, shell, shaft

cahin-caha, joggety-jolt

le **caisson**, the sunk panel

le **calcaire**, limestone; calcareous (adj.)

le **calligraphe**, one skilled in penmanship

campagnard, rural, country

la **campagne**, the countryside, 'herbs, trees, fruits and flowers'

campé, encamped, set, situate

le **canard**, the duck (strictly, 'the drake'; *la cane*, 'the duck')

le **canton**, the district

cantonné, flanked

capiteux, heady

le **capitulaire**, the capitulary, ordinance

le **caquetage**, the cackling

Carlovingien, Carlovingian (dynasty of *Pépin le Bref* and his son *Charlemagne*, 8th to 10th centuries)

carré, square

le **carrefour**, the cross-roads, meeting place, carfax

la **carrière**, the career; quarry

le **carroué** = *le carrefour*

le **castel**, the castle, mansion

le **cataclysme**, the cataclysm, crash, deluge

la **causette**, the chat

la **cave**, the cellar

la **ceinture**, the girdle, belt

céladon, tender shade of green (name of the lover in the novel, *l'Astrée*, 1610)

la **cellule**, the cell

le **centenaire**, the centenary, centenarian

le **cep**, the vinestock

le **cépage**, the vine plant

cependant, yet, however

la **céramique**, ceramics, pottery

Jules **César**, B.C. 100–B.C. 44, 'the noblest Roman of them all '

le **chaînage**, the course (of brick in stone building)

la **chair**, flesh

la **chaleur**, heat

le **changement**, the change

le **chanvre**, hemp

le **chapelier**, the hatter

le **char**, the cart

le **charbon**, coal

la **charcuterie**, pork-butcher's shop, or wares

Charles VII, King of France, 1422–61

Charles VIII, King of France, 1483–98

Charles le Chauve, Emperor, 875–7

Charles-Martel, 689–741, father of *Pépin le Bref*, grandfather of Charlemagne, vanquished the Moors at Poitiers, 732

Charles-Quint, 1500–58, Emperor, King of Spain

la **charrue**, the plough

la **chasse**, the hunt, hunting

le **château**, castle, mansion, country-seat

le **château fort**, stronghold
Châteaurenault, François-
Louis Rousselet, Marquis
de, vice-admiral and mar-
shal, 1637–1716
le **châtelain** (lord of a *château*),
the country gentleman
le **châtelet**, the small castle
le **chaume**, thatch, thatched
roof
les **chausses**, *f.*, hose, breeches
chauve, bald
la **chauve-souris**, the bat
la **chaux**, lime
le **chef**, chief, leader; (*de cui-
sine*), cook
le **chef-d'œuvre**, the master-
piece
le **chemin de ronde**, the round-
way
la **cheminée**, chimney, fire-
place
cheminer, to journey, walk,
proceed, flow
le **chenal**, the canal, passage
le **chêne**, the oak
la bonne **chère**, good cheer, nice
things to eat
chétif, puny, delicate
chevaucher sur, to span
la **chèvre**, the goat
le **chevreuil**, the roebuck
le **chiffre**, the cipher, figure
chimérique, chimerical, fan-
ciful
Choiseul, Etienne-François,
duc de, 1719–85, minister of
Louis XV
la **chute**, the fall
ci-dessus, above, above men-
tioned
le **cierge**, (wax) candle, taper
la **cintre**, the round arch; *en
pleine cintre*, semi-circular;
cintré, arched, semi-circular
la **cire**, wax
le **citadin**, the townsman, town-
dweller
citer, to cite, quote
la **clarté**, clearness, brightness
la **clientèle**, clients, customers,
patronage
le **clocher**, the belfry, steeple
le **cloître**, the cloister
clos (*clore*), closed, con-
cluded

la **clôture**, the fence, screen (in
a church)
le **clou**, the nail
Clovis, 465–511, King of the
Franks
à **cœur** joie, to one's heart's
content
coiffer, to dress the head,
put on the head
la **colère**, choler, anger
une (église) **collégiale**, collegiate
church (with a chapter of
canons)
le **colombage**, the row of upright beams; *à colombages*,
half-timbered
la **colonnette**, the small column
coloré, coloured, deep coloured, glowing
combler, to heap up, fill
up
Comines, Philippe de, 1445–
1509, author of *Mémoires*
commerçant, commercial,
mercantile
le **commissaire**, the commis-
sioner, chief constable
les **communs**, *m.*, outbuildings,
domestic offices
comporter, to comprise
Compostelle, Compostella in
Galicia (Spain), famous for
its shrine of St James
compromis (*compromettre*),
compromised
la **comptabilité**, book-keeping
la chambre des **comptes**, *m.*, the
Chamber of Accounts (occu-
pied with administrative
control)
la **concurrence**, competition
Condé, Louis Iᵉʳ, prince de,
1530–69, leader of the
Huguenots
conférer, to confer, bestow
confier à, to confide to, en-
trust to
les **confins**, *m.*, confines, borders
la **confiserie**, manufacture of
sweets
le **confluent**, the confluence,
junction
congrûment, fittingly, cor-
rectly
la **conjuration**, the conspiracy
conjurer, to ward off, avert

constater, to ascertain, state, establish

conter, to recount, relate

contigu, contiguous, adjoining

le **contrefort**, the buttress

convenir, to agree, admit, be right—proper—fitting; *convenir à*, to suit, be in keeping with

convoiter, to covet

la **coquille**, the shell, scallop (badge of pilgrims to Compostella)

le **cordeau**, the line, string; *tiré au cordeau*, straight as a die

la **cordelière**, the girdle,twisted fillet

la **coriandre**, coriander (aromatic plant used for flavouring)

la **cornemuse**, the bagpipes

la **corniche**, the cornice

cornier, at the corner, at the angle

par un **corollaire**, by way of corollary, in consequence

la **corroirie**, currying place (for leather)

le **cortège**, the procession (not ecclesiastical), retinue

cossu, well-podded, well-to-do, comfortably off

la **côte**, the rib, coast, hillside; *la côte d'azur*, the Riviera

le **coteau**, the hillside, slope; little hill

la **couche**, the couch, layer, stratum

couler, to flow

la **couleuvre**, the (common) snake

la **couleuvrine**, the culverin, heavy cannon

le **couloir**, the passage

le **coup**, the blow; *du premier coup*, at the outset; *le coup de main*, sudden attack; *le coup d'œil*, glance, look, view

la **cour**, the court, courtyard

le **courant**, the current

la **courbe**, the curve, bend

la **courette**, the small courtyard

Courier, Paul-Louis, 1772–1825, soldier, scholar and writer

le **cours**, the course

court, short, brief

la **courtine**, the curtain; fortified wall connecting two towers

courtiser, to court, woo

coûter, to cost

coûteux, costly, expensive

le **coutre**, the coulter (blade in front of ploughshare)

la **craie**, chalk; *la craie touffeau*, limestone

le **crapaud**, the toad

crayeux, chalky

créer, to create

crénelé, crenelated, battlemented

crétacé, cretaceous, of the nature of chalk

creuser, to dig, hollow out

creux, hollow, sunken

la **crique**, the creek

la **crise**, the crisis, fit, depression, ' slump '

la **croissance**, growth, increase

croissant, growing, increasing, crescent

crouler, to collapse, shake down; *croulant*, tottering, crumbling, ruinous

la **croûte**, the crust; *les croûtes de lait*, achores, milk-scall (skin eruption)

la **croyance**, the creed, belief

le **cru**, growth, production, vineyard, vintage

cru, crude, raw

la **crue**, the rise, flood

cueillir, to cull, gather, pluck

la **cuirasse**, the cuirass, breastplate; *cuirassé*, armoured, protected, cased

le **cuisinier**, the cook

le **cul-de-sac** (the bottom of a bag), blind alley

le **curé**, the parish priest; *le curé de Meudon*, Rabelais

le **cygne**, the swan; *le chant du cygne*, swan's dying song, a last achievement

cylindrique, cylindrical, roller-shaped

la **dague**, the dagger

d'ailleurs, moreover, besides

le **damier**, the draught-board, chequer work

davantage, more, further

le **déambulatoire**, the ambulatory (aisles round choir)

débander, to unbind, disband

se **débarrasser** de, to get rid of, be relieved of

débonnaire, suave, gracious, good-tempered

le **débordement**, the overflowing

debout, upright, standing

le **début**, the beginning, first appearance

en **deçà** de, on this side of

la **décadence**, decay

décerner, to award, bestow

la **déchéance**, decline

décimer, to decimate, shoot down, sweep away, carry off

décisif, decisive, critical

le **décor**, the scenery, setting

découper, to cut out, carve, carve out

la **découpure**, the cutting out, cleft, fissure

découvrir, to discover, perceive

décrire, to describe

dédaigner, to disdain, scorn, turn up one's nose at

dédier, to dedicate

se **défier** de, to be distrustful of, be on one's guard against

le **défilé**, the defile, filing off, march past

se **dégoûter** de, to tire of, take a dislike to

au **delà** de, beyond, on the farther side of

délabré, dilapidated, shabby

délaisser, to desert, forsake

délimiter, to fix limits, define

se **demander**, to ask oneself, wonder

démanteler, to dismantle, deprive of defences

la **demeure**, the dwelling-place

demeurer, to remain, dwell

le **denier**, ' penny ' (twelve *deniers* made up *un sou*)

dénouer, to unknot, unbuckle

dentelé, notched, jagged, pitted

la **dentelle**, lace, lace-work

dénudé, bare, destitute

dépasser, to surpass, exceed

la **dépendance**, dependency

dépeupler, to depopulate

déposer, to lay down

le **dépôt**, the deposit, trust, storehouse

la **dépouille**, spoils, booty

dépouiller, to despoil, strip, skin; *dépouillé*, bare

dépourvu de, destitute of, devoid of

déprimant, depressing, relaxing

la **désagrégation**, disintegration, erosion

désavouer, to disavow, disown, disapprove

Descartes, René, 1596–1650, scholar and philosopher

désormais, from this time on

le **dessinateur**, the draughtsman

dessiner, to design, trace, draw, define, indicate

dévaler, to slope, descend

dévastateur, devastating

le **dicton**, the saying, saw

la **digue**, the dike, bank

le **dindon**, the turkey

le **dinothère**, the dinotherium (huge, extinct, proboscidian quadruped)

le **diplôme**, the diploma, certificate

se **diriger**, to make one's way, journey

disparu (*disparaître*), disappeared, bygone

se **dissimuler**, to conceal oneself

divertir, to divert, amuse

le **dolmen**, the cromlech (prehistoric monument consisting of flat stone laid horizontally on two upright stones)

dômical, dome-shaped

le **dommage**, damage, loss; *c'est dommage*, that's a pity

le **don**, the gift

doré, golden

dorique, Doric (oldest and most massive of the Classic Orders of architecture)

le **dos**, the back

doué de, gifted, endowed with, gifted with

se **douter** de, to suspect, have a suspicion of

la **douve**, the stave; ditch, moat

le **doyen**, the dean, senior member; senior, oldest

le **dramaturge**, the playwright, dramatist

se **dresser**, to rise, stand up, stand

droit, right

Dumazet, Ardouin, author of the *Voyage en France*

Dupré, Jules, 1811–99, landscape painter

la **durée**, the duration

s'**ébaudir**, to make merry

un **éboulement**, a landslip, collapse

un **éboulis**, a fallen heap (of stones and earth)

écarter, to discard, set aside, avert

une **échauguette**, a sentry-box, watch-tower

une **échelle**, a ladder, scale

échoir, to fall to one's lot

échouer, to fail; *s'échouer*, to run aground

un **éclair**, a flash, glint, gleam

éclaircir, to clear up, clarify, solve

éclairer, to light, light up, elucidate; *éclairé*, enlightened

l'**éclat**, *m.*, renown, success

éclatant, brilliant, dazzling

éclectique, eclectic, not exclusive, catholic

un **éclopé**, a cripple

éclore, to open, hatch; spring up

écraser, to crush, run over, squash flat, overwhelm; *écrasé*, squat

s'**écrouler**, to fall into ruins, crumble away

écumer, to foam

édifier, to edify, erect

un **édile**, a municipal officer, town councillor

une **édilité**, a municipal organisation

éduquer, to educate, bring up

effeuiller, to strip leaves off

s'**effondrer**, to fall in, give way

l'**égalité**, *f.*, equality, equability

s'**égarer**, to stray, go astray

égayer, to enliven

s'**élargir**, to become broader

l'**élevage**, *m.*, breeding, rearing (of birds and beasts)

éliminer, to eliminate, exclude, rule out

Saint **Éloi**, 588–659, bishop of Noyon

l'**éloignement**, *m.*, remoteness, removal, departure

émaillé, enamelled, chequered, motley, ' proud pied '

émaner, to emanate, originate

émerveiller, to fill with wonder, amaze

émigrer, to emigrate, migrate

émollient, emollient, softening

émouvant, moving, touching, affecting

s'**emparer** de, to take possession of

empêcher, to hinder, prevent

l'**emphase**, *f.*, emphasis, brilliance

empiéter sur, to encroach upon

un **emplacement**, a site

s'**emplir** de, to become full of

emporter, to carry away; *l'emporter*, to carry it off, win the day, excel, prevail

l'**empressement**, *m.*, eagerness

encaissé, boxed in, embanked

une **enceinte**, an enclosure, (area enclosed by city) walls

en **encorbellement**, *m.*, corbelled (with projecting course resting on a corbel-table—brackets of stone)

un **endroit**, a place, point, passage (the *right* spot)

bon **enfant**, decent, kindly

s'**enfoncer**, to penetrate to the bottom, sink, sink down

englober, to include

s'**engouer** de, to become infatuated with

engourdir, to benumb, enervate

un **engrais**, a fertiliser, manure

un **énigme**, an enigma, riddle

enlever, to carry away

une **enluminure**, a coloured picture, colouring

un **ennui**, a worry, boredom, tedium; *jusqu'à l'ennui*, ad nauseam

s'**ennuyer**, to be bored, to be dull, to mope

s'**ensabler**, to get choked with sand

une **enseigne**, an ensign, sign, token

enseigner, to point out, teach

un **ensemble**, a unity, whole, ' ensemble '

enserrer, to shut in, enclose

ensevelir, to bury

s'**ensuivre**, to follow, ensue

une **entorse**, a twist, sprain

entourer, to surround

entraîner, to draw away, distract, allure

entreprendre, to undertake, take in hand

envahir, to invade, overrun

à l'**envi**, vying with each other

environner, to surround

épais, thick, gross

s'**épanouir**, to open out, blossom; *épanoui*, full-blown; jolly, beaming

épargner, to spare

épars, scattered, sparse

une **épaule**, a shoulder; *épaulé*, supported, flanked

une **épée**, a sword

une **épopée**, an epic poem

épouser, to espouse, marry

une **épouvante**, a fright, scare

un **époux**, a spouse, husband

une **épreuve**, a test, trial, proof, ordeal

éprouver, to experience, feel

une **ère**, an era

ériger, to erect

ès =*en les*, in the

s'**esbanoyer** = *s'esbigner*, to glide away, slip away

un **escalier**, a staircase

escarpé, steep

espacer, to leave a space between, make less frequent

un **espalier**, an espalier, trellis frame on wall for fruit

l'**esprit**, *m.*, the spirit, mind, wit

essoufflé, blown, out of breath

une **estacade**, a stockade

esté = *été*, *m.*, summer

esthétique, aesthetic, appealing to one's sense of the beautiful

un **estoc**, ancient straight sword, rapier or 'tucke'; *d'estoc et de taille*, with point (of sword) and edge, ' hell for leather '

Estrées, Gabrielle d', 1571–99, mistress of Henri IV

un **étage**, a story, floor, flat

étager, to pile up; *étagé*, in tiers, rising above one another

étaler, to put on a stall, display

Étampes, Seine-et-Oise, midway between Paris and Orleans

un **étang**, stagnant water, pond

une **étape**, a stage, day's march

un **état-major**, a staff

les **États Généraux**, the States-General, representatives of the clergy, lords, and commons

s'**étendre**, to extend, stretch; *étendu*, extensive

une **étendue**, an expanse, track

l'**ethnographie**, *f.*, ethnography (the science which treats of the races of mankind)

l'**étiage**, *m.*, low water mark

s'**étirer**, to stretch out, outspread

un **étranger**, a foreigner

étroit, strait, narrow

une **étude**, a study

s'**évader**, to escape, slip away

LEXIQUE 105

un **évangile**, a gospel; *faire dire un évangile*, to have a passage from the gospels recited (by a priest, with the object of obtaining answer to a prayer)

une **évasion**, an escape, flight

un **évêché**, a bishopric, bishop's palace, episcopate

un **éveil**, an awakening; *en éveil*, on the alert, wide awake

un **évènement**, an event

éventrer, to disembowel, gut

évidé, hollowed out, rounded

exaucer, to fulfil, gratify, answer

excéder, to exceed, weary, harass

exhausser, to raise, heighten

expédier, to dispatch

une **expérience**, an experience, experiment

expérimenté, experienced

exploiter, to exploit, turn to advantage

une **exposition**, an exhibition

exquis, exquisite, delightful

un **extralucide**, a clairvoyant (person claiming powers of prediction or second sight)

la **façade**, the façade, main front

fâcheux, disagreeable, bad, evil

façonner, to fashion, form

faillir, to fail; *on faillit se tromper*, one almost made a mistake

faire, to make, do; *c'en est fait de lui*, it is all over with him

le **faisan**, the pheasant

la **falaise**, the rock

falloir, to be necessary; *peu s'en faut*, little short of it, very nearly

le **falun**, shell-marl

la **falunière**, deposit of shell-marl

la **fantaisie**, fancy, caprice, imagination, idea

le **fantôme**, the phantom

le **fardeau**, the burden, load

se **farder**, to use powder and paint

farouche, wild, shy, unsociable, austere

fastueux, pompous, ostentatious, luxurious

le **faubourg**, the (outlying) suburb

la **faute**, the fault; *faute de textes*, for lack of documentary evidence

la **fée**, the fairy

férir, to strike; *avoir beaucoup à férir*, to be hard put to it

la **ferme**, the farm

ferrugineux, ferruginous (containing iron)

festoyer, to feast, make merry

fétide, foetid, nauseous

le **feu follet**, the will o' the wisp (phosphorescent light seen on marshy ground)

la **feuille**, the leaf

fier, proud

la **fierté**, pride

fiévreux, feverish

figer, to congeal, solidify

la **filature**, the spinning-mill

filer, to spin, run, glide away

le **filet**, the thread, brook, trickle; net

fin, delicate, nice, keen, sly, shrewd

flagrant, flagrant, conclusive, self-evident

le **flâneur**, the saunterer, lounger

flanquer, to flank, be alongside

la **flaque**, the pool, puddle

le **fléau**, the flail, scourge, plague, pest

la **flèche**, the arrow, spire

fleuri, decked with flowers, flowery, blooming

le **fleuron**, the flower (or leaf, in architectural ornament)

la **floraison**, the flowering, blossoming, bloom

le **flot**, the billow, wave, flood, stream

la **foi**, faith

la **folie**, madness

le **folkloriste**, the student of

folklore (or primitive beliefs)

foncier, deep-seated, thorough, fundamental

le **fond**, the bottom, basis

fonder, to found

e **fonds**, capital, stock-in-trade

Fontainebleau, in dep. of Seine-et-Marne, 40 miles S. of Paris

forcer, to force, drive, hunt, run down

la **formule**, the formula; *dans la formule*, in the tradition

formuler, to formulate, express, register

la **forteresse**, the fortress

le **fossé**, the ditch

fou, mad, wild

le **fouacier**, the baker-man (*fouace*, an old-time, very plain cake)

fouiller, to dig, hollow, carve; ransack

la **foule**, the press, crowd, throng

fouler, to press, trample down

Foulques III, Nerra, 972–1040, Count of Anjou

fourchu, forked

le **fourneau**, the stove, furnace; *le haut fourneau*, tall chimney (of foundry)

le **foyer**, hearth and home, fireside, centre, sea

les **frais**, *m.*, the expenses, cost

frais, fresh; freshly, newly

la **framboise**, the raspberry

franc, Frankish

la **France** équinoxiale = *la Guyane française*

franchir, to cross, pass over, traverse, surmount

la **frange**, the fringe

Frédéric-Charles, 1828–85, nephew of the first German Emperor, William I

frêle, frail, fragile

frémir, to shudder, rustle

la **fresque**, the fresco

friable, friable, easily crumbled

en **friche**, *f.*, fallow, uncultivated, waste

la **frimousse** à croquer, the adorable little face

friser, to curl, frizzle, graze, touch lightly

la **frondaison**, the foliage

le **fronton**, the pediment (triangular space above door or window)

fructueux, fruitful, profitable

le **fruitier**, the fruiterer; *fruitier*, fruit-bearing

fuligineux, fuliginous, sooty

la **fumée**, smoke, column of smoke

funeste, melancholy, disastrous

la **futaie**, the full grown tree

fuyant (*fuir*), fleeing, fading, receding

le **fuyard**, the fugitive

la **gabare**, the lighter, barge

le **gâble**, the gable, pointed canopy over window

la **gaillardise**, the (broad) jest

la basse **galerne**, north-west wind

Gambetta, Léon, 1838–82, statesman and orator

la **garde**, guard, watch; *prendre garde*, to take care

se **garder** bien de, to be careful not to, to be on one's guard against

le **gardon**, the roach

la **gare**, the railway station

garnir, to garnish, set off, furnish, provide

la **garnison**, the garrison

le **garou** =*loup-garou*, the werewolf (man turned into a wolf)

gastronomique, pleasing to the stomach

gauche, left, awkward, maladroit

la **gaudriole**, the (too merry) jest

gauffrer, to gauffer, make wavy

le **gazon**, turf, grass

le **geai**, the jay

geindre, to whine, complain

la **gélinotte**, grouse

gémir, to groan, lament

le **genêt**, the broom (shrub)

le **genévrier**, the juniper

le **génie**, the (tutelary) spirit; genius; engineering
le **genre**, the gender, kind
le **gentilhomme**, the nobleman
la **gentilhommière**, the country house
germer, to germinate, spring up
le **gibet**, the gibbet
le **gibier**, game (hunted birds or beasts)
glisser, to glide, slip, pass lightly
le **godon** or *Goddam*, unflattering name for an Englishman, coined from expression used by him
la **gorge**, the throat, gorge, pass
le **goujon**, the gudgeon
le **gourmet**, the gourmet (discriminating and appreciative eater)
le **goût**, taste
goûter, to taste, relish, enjoy
grâce à, thanks to
Grandgousier, father of Gargantua, giants both, characters created by Rabelais
avoir **grand'peine à**, to find difficulty in
la **grand'place**, the market square
la **grappe** de raisin, the bunch of grapes, grapes
gratuit, gratuitous, unwarranted
le **graveur**, the engraver
au **gré** de, at the whim of
Grécourt, Jean - Baptiste, 1684–1743, poet or, at least, *rimeur facile*
Grégoire de Tours, 534–595, bishop of Tours
la **grenade**, the pomegranate; grenade
le **grenadier**, the pomegranate-tree; grenadier
le **grès**, sandstone
la **grève**, the beach, strand; strike
grimper, to climb
gris, gray
grou =*gros*, big, stout
ne...**guère**, scarcely
guérir, to cure

la **guérison**, the cure
le **guet-apens**, the ambush, trap, foul play
guetter, to watch, lie in wait for

(La lettre *h* est aspirée dans les mots précédés d'un astérisque)

*la **haie**, the hedge
*la **haine**, hatred, hate
***haleter**, to pant
*la **halte**, the halt, stopping place
*la **hâte**, haste, speed
***hausser**, to heighten, raise, shrug
*la **hauteur**, height, arrogance; *à hauteur d'infamie*, iniquitously
une **hécatombe**, a hecatomb, sacrifice (literally of 100 victims)
un **hectare**, hectare; 100 *ares*; 10,000 square *mètres*, about 2½ acres
une **hélice**, a screw, spiral
*le **hennin**, the cone-shaped cap
Henri II, King of England, 1154–89
*le **hérault** =*le héraut*, the herald
une **herbe**, a herb, grass; *la mauvaise herbe*, the weed
un **hérésiarque**, an originator of a heresy
***hérissé**, bristly, thickset
un **héritier**, an heir
de bonne **heure**, early
*la **hiérarchie**, the hierarchy, grouping — etymologically of angels or priests, graded society
hisser, to hoist
un **hiver**, a winter
un **hivernage**, a winter resort
hivernal, winterly, wintry
*la **honte**, shame
un **hôte**, a host, guest
un **hôtel**, hotel, town-house
*la **hotte**, the basket, panier (carried on the back)
*la **houille**, coal
***hourdé**, roughly plastered, rough-walled
*le **huchier**, the maker of chests or cabinets

*humer, to sniff (usually with relish)

humide, humid, damp

humilier, to humiliate

l'humus, *m.*, humus, vegetable mould

l'hygiène, *f.*, hygiene, health

une hypothèse, a hypothesis, supposition

ignorer, not to know, to be ignorant of

l'Ile-de-France, *f.*, ancient province of which Paris was the centre (originally the angle formed by the Seine and Oise near their confluence)

l'imbriquement, *m.*, imbrication, overlapping (as of tiles)

immobile, motionless

un importun, an importunate person, intruder

une imprimerie, a printing press

inachevé, unfinished, incomplete

inattendu, unexpected, unforeseen

incendier, to set on fire

inépuisable, inexhaustible, infinite

l'ingéniosité, *f.*, ingenuity

ingrat, ungrateful, unprofitable, sterile

injustifié, unjustified, unwarranted

inoubliable, unforgettable

inquiétant, disquieting, disconcerting, alarming

l'insouciance, *f.*, thoughtlessness

interdit (*interdire*), prohibited, forbidden

intéressé, self-interested, selfish

s'interpeller, to call out to one another

un intrados, intrados (inside curve of arch)

un intrus, an intruder

irréductible, irreducible, that will not be reconciled

irréfutable, irrefutable, unanswerable

irrespectueux, disrespectful

à l'italienne, in the Italian manner, after the Italian

un itinéraire, an itinerary, course

le Jacobin, the Jacobin, revolutionary

jadis, in time past, formerly

le jalon, the landmark

jalouser, to be jealous of

Jean sans Terre, John Lackland, King of England, 1199–1216

le jet, the throw, cast, swoop; *un jet de flèche*, an arrow shot

jeudi saint, Maundy Thursday

les Jobelins, partisans of Benserade's sonnet *Job* in opposition to the *Uranistes* who preferred Voiture's *Uranie*

jouir de, to enjoy

la jouissance, enjoyment

le jouisseur, the pleasure-seeker

le joyau, the jewel, gem

le jumeau, the twin

jurassique, Jurassic (marked, like the Jura mountains, by the prevalence of oolitic limestone)

justifié, justified, well warranted

le kaolin, kaolin, white china-clay

le kilo = *kilogramme*, 1000 *grammes*, 2 lb. 3 oz.

le kilomètre, 1000 *mètres*, 1093 yards, ⅝ of a mile

La Balue, Jean, 1421–91, cardinal, minister of Louis XI

lacustre, lacustrine (age of the lake-dwellers)

La Fontaine, Jean de, 1621–95, poet, first of all writers of fables

la lampée, the bumper, long drink

la lamproie, the lamprey

la lande, the moor

la lanterne, the lantern, turret with windows

le **lanternon**, the small lantern tower, small cupola

large, broad, abundant

la **largesse**, bounty, profusion

La Vallière, Louise de la Baume le Blanc, duchesse de, 1660–1710, lady of the court of Louis XIV

le **lecteur**, the reader

le **legs**, the legacy

léguer, to bequeath

le **lendemain**, the morrow, day after

lettré, learned, literary

la **levée**, the raising; embankment

la **libellule**, the dragon-fly

la **librairie**, the bookshop; bookselling

libre, free

le **lierre**, the ivy

le **lièvre**, the hare

la **Ligue**, the League of French Catholics, formed in 1576 and eventually dissolved by Henri IV

se **liguer**, to combine together

les **Ligures**, inhabitants of the country north of Genoa

le **limon**, slime, mud

la franche **lippée**, the hearty meal

le **lis**, the lily

la **lisière**, the border, edge, outskirts

la **livre**, the pound

le **livre** d'heures, the primer (book of prayers for the laity)

la **loggia**, the loggia (gallery with open side)

le **logis**, the dwelling, residence

loin, far; *de loin en loin*, at intervals

lointain, distant, remote

le **long** de, along

à la **longue**, in the long run, in time

Lorme, Marion de, 1613–50, *la belle des belles* of Victor Hugo's play which bears her name (Act II, Scene i)

lors de, at the time of; *dès lors*, ever since

le **losange**, the lozenge (diamond-shaped decoration)

la **louange**, praise, eulogy

Louis I *le Débonnaire*, Emperor, 814–840, son of Charlemagne; Louis XI, King of France, 1461–83; Louis XII, *père du peuple*, King of France, 1498–1515

lourd, heavy, thick

le **Louvre**, the Paris gallery of paintings and sculpture

la **lumière**, light

lumineux, luminous, radiant

le **lustre**, the gas-bracket

la **lutte**, the wrestle, conflict

lutter, to strive, contend

le **luxe**, luxury

luxueux, luxurious

le **Lyonnais**, ancient province of which Lyons was the capital; *la Lyonnaise*, Roman province (four divisions, included western half of modern France)

macabre, macabre, gruesome

le **mâchicoulis**, the machicolation (opening between supporting corbels for dropping missiles on assailants)

le **maçon**, the mason

les **mages**, *m.*, the magi, the three kings—Caspar, Melchior and Balthasar

magistral, masterly, authoritative

la **main d'œuvre**, labour, ' hands '

maint, many, many a

le **maïs**, maize

la **maîtrise**, the mastery, masterly skill

le **mal**, evil, harm

malencontreux, sinister, untoward, unlucky

malgré, in spite of

la **malice**, roguishness, slyness

malmener, to ill-use, handle roughly

le **manoir**, the manor, manorhouse

manquer, to miss; be lacking

le **Mans**, ancient capital of Maine, now *chef-lieu* of *la Sarthe*

Mansard, Jules, architect of Louis XIV, 1646–1708

le **marasme,** atrophy, decline, ruin

le **marbre,** marble

la **marche,** the march, border, step

le **marché,** the market

le **marécage,** the marsh

la **marée,** the tide, high tide

le **martyre,** martyrdom

le **mastodonte,** the mastodont (extinct mammoth, resembling an elephant)

maussade, surly, gloomy

la **mauve,** the mallow; mauve (coloured)

le **méandre,** the meandering, winding

un **Mécène** (Maecenas, minister of Augustus), a patron of art or literature

le **médaillon,** the medallion

le **médecin,** the doctor

Médicis, Catherine de, 1519–89, wife of Henri II, mother of François II, Charles IX, and Henri III; Marie de, 1573–1642, wife of Henri IV

médiocre, mediocre, moderate, indifferent

mégalithique, composed of great stones

le **mélange,** the mixture, medley

ménager, to husband, take care of, be sparing with, treat well

méridional, southern

le **merlan,** the whiting

le **merle,** the blackbird

le **merlon,** the merlon (embattled parapet between two embrasures)

mérovingien, Merovingian, period of *Mérovée* and his descendants, 448–752

la **messe,** the mass

la **métairie,** farmstead (rent paid in kind)

le **mètre,** metre, 39 inches

le **mets,** the dish, food

mettre, to put, take (=spend, of time); *mettre à sac,* to sack, pillage; *mettre à sec,* to leave high and dry;

mettre en valeur, to turn to the best advantage

meubler, to furnish, provide

les **meubles,** *m.,* moveables, furniture

la **meulière,** the millstone

le **meurtre,** the murder

à **mi-côte,** halfway up

le **Midi,** the South

un **millier,** a thousand

mince, thin, slender

la **minuscule,** the small letter; minute (adj.)

le **miraculé,** the miraculously favoured one

la **misère,** poverty

la **miséricorde,** pity; misericord (shelving projection on underside of hinged seat added, in pity, with the object of making standing less tedious)

le **missel,** the missal, mass-book

le **mistral,** north-west wind

les **mœurs,** *m.,* manners and customs

le **moineau,** the sparrow

moins, less; *à moins que... ne,* unless

la **molasse,** molass (variety of sandstone)

la **monnaie,** the coin, (small) change

la **monographie,** monograph, treatise on a single subject

Montpellier, *chef-lieu du département de l'Hérault*

le **monument,** the monument, historical, or public, building

la **morale,** morality

morceler, to parcel out, cut up

le **morcellement,** parcelling out, sub-division

morne, gloomy

la **mosaïque,** the mosaic

les **mouchettes,** *f.,* snuffers (in architecture, decoration of ends of drip-stone)

moudre, to grind

la **mouette,** the sea-gull

le **moulin,** the mill

moult =*beaucoup, très* (little used since the 17th century)

le moyen, the means; *moyen,* middle, mean, average

moyenâgeux, mediaeval

la **moyenne**, the average; *la variante moyenne,* difference between highest and lowest temperatures

muer, to moult; transform

mugueter, to flirt

la **muraille**, (outside) wall, walls

mûrir, to mature, ripen

le **musée**, the museum, picture-gallery

naguère, not long ago

le **Nantais**, the inhabitant of Nantes

la **nappe**, the (white) table-cloth; sheet, surface (of water)

le **narthex**, the narthex, portico in front of nave

nauséabond, nauseous, loathsome

la **nef**, the vessel, boat; nave

néfaste, ill-omened, disastrous

le **nénuphar**, the water-lily

Néricault-Destouches, Philippe, 1680–1754, writer of comedies, placed, by Lessing, above those of Molière

la **nervure**, the nervure, rib

la **Neustrie**, western part of the Merovingian dominions

la **niche**, the niche, recess

nombreux, numerous

le **nonce**, the nuncio, papal ambassador

nonchalamment, nonchalantly, carelessly, heedlessly

les **nopces** = *les noces, f.,* nuptials, wedding, rejoicings

le **Normand**, the Norman

nouère = *noir,* black

nourry = *nourri,* nourished, bred

la **Nouvelle-France**, name originally given to the country about Quebec

le **noyer**, the walnut-tree

nu, nude, bare

nul, no, not any; *nulle part,* nowhere

nullement, in no way, by no means

nymphéen, nymphean (formation due to action of spring water)

s'obstiner, to be obstinate, persist

occidental, western

une **ogive**, a pointed arch, Gothic arch; *la croisée d'ogive,* cross vaulting

une **oie**, a goose

oisif, otiose, idle

l'**oisiveté**, *f.,* idleness

un **oison**, a gosling, nincompoop

un **olivier**, an olive-tree

ombrager, to shade, overshadow

ombrageux, shy, suspicious, distrustful

l'**onction**, *f.,* unction, anointing

une **onde**, a wave

opaque, opaque, impenetrable to sight

un **orage**, a storm

une **orée**, an edge, border

un **orfèvre**, a goldsmith

l'**orgueil**, *m.,* pride

Orléans, Gaston d', 1608–60, brother of Louis XIII

un **ormeau**, a young elm

oser, to dare, venture

les **ossements**, *m.,* bones (of the dead)

osseux, bony

ouest, west

une **outarde**, a bustard

l'**outrance**, *f.,* excess; *à outrance,* to the death

en **outre**, furthermore, besides

d'**outremonts**, from over the hills, from Italy (or Spain)

une **ouverture**, an overture, opening

ouvré, worked, wrought, carved

la **paille**, straw

paître, to graze

le **palmier**, the palm-tree

le **pan**, the side (of a wall), wall

Panurge, companion of Pantagruel, son of Gargantua (Rabelais)

la **papeterie**, the paper-mill

le **parchemin**, parchment

parcimonieux, parsimonious, sparing, exiguous

parcourir, to run through, travel through, or over

le **parent**, the parent, relative

parer, to deck, adorn, prepare

paresseusement, idly, sluggishly

parfois, at times, at one time ...at another time

la **paroisse**, the parish

la **parole**, the word, speech

le **parpaing**, the bond-stone (stone passing through wall from side to side)

le **partage**, the division, partition, sharing

le **parterre**, the flower-bed, flower-garden

le **parti**, the (political) party; *tirer parti de.* to profit by

partir, to go away, leave

parvenir, to arrive, reach; *parvenir à*, to succeed in

le **pas**, the pace, step

le **passant**, the passer-by, bird of passage

en **passe** de, *f.*, on the way to, in process of

la **patine**, patina, incrustation

la **pâtisserie**, pastry, confectionery

le **patron**, the patron, master; pattern, model

la **patte**, the paw; *faire patte de velours*, to draw in one's claws, walk delicately

le **pavillon**, the pavilion, outhouse, lodge

le **paysage**, countryside, landscape, landscape painting

la **peau**, the skin

la **pêche**, the peach; fishing

le **pêcheur**, the fisherman, angler

le **pédantisme**, pedantry

pédestrement, on foot

le **peintre**, the painter

le **pelage**, the hair, coat (of animal)

le **pèlerin**, the pilgrim

la **pente**, the slope, declivity

Pépin le Bref, King of the Franks, 751–768

le **perchoir**, the perch, roost

le **perdreau**, the partridge-poult, partridge (in its first year)

la **perdrix**, the partridge

se **perpétuer**, to continue, persist

la **perspective**, the prospect, view, vista

la **perte**, the loss

perverti, depraved

la **peste**, the pest, plague

le **petit-neveu**, the great-nephew

à **peu** de chose près, very nearly

peupler, to people, stock, fill

le **peuplier**, the poplar

le **phare**, the lighthouse

la **pharmacie**, the pharmacy, preparation and sale of drugs

la **phase**, the phase, period

Philippe–Auguste, King of France, 1180–1223

le **phylloxéra**, the phylloxera (genus of plant lice and disease caused by these insects)

à **pic**, *m.*, sheer, perpendicularly

la **pie**, the magpie

le **pignon**, the gable

la **pile**, the pile, column

le **pilier**, the pillar

piller, to pillage, sack

le **pinceau**, the (painter's) brush

le **plafond**, the ceiling

plaisant, odd, amusing, pleasing

le **plan**, the plan, project; *au premier plan*, in the foreground

planer, to hover, hang, linger

plantureux, plentiful, fertile, lush

le **plateau**, the tableland, plateau; tray

le **plébéien**, the plebeian, common fellow

la **pléiade**, the pleiad, group, galaxy: constellation of six stars, ' the Bull,' but the ancients reckoned seven, and hence group of seven distinguished persons, used especially of the group of 16th century poets of whom Ronsard was the chief

plein, full; *en plein...*, in the midst of, middle of...

plu (*plaire*), pleased; *ils se sont plus à*, they took pleasure in

la **pluie**, rain

la **plupart**, the majority

plus de..., no more...

le **pluvier**, the plover

pluvieux, rainy, wet

le **poids**, the weight

poilu, hairy

le **Poitevin**, the inhabitant of Poitou

Poitiers, Diane de, 1499–1566, mistress of Henri II

la **poitrine**, the breast, chest

la **poivrière**, the pepper-pot (on the table and in architecture)

le **polisseur**, the polisher

polluer, to pollute

le **pont-levis**, the drawbridge

le **portail**, the main-entrance, door

le **porte-bonheur**, the charm, mascot

le **poteau**, the post, pole

le **poudingue**, pudding-stone (rounded pebble in siliceous matrix)

le **pourpoint**, the doublet

le **pourpre**, the purple

se **poursuivre**, to pursue each other, follow one another, to be carried on, go on

pourtant, for all that, however

la **poussée**, the thrust, urge, pressure

la **prairie**, the meadow (more extensive than *le pré*)

préciser, to specify, determine

précoce, precocious, early, premature, too early

se **prélasser**, to saunter (like *un prélat*), strut, parade

la **presqu'île**, the peninsula

le **pressoir**, the winepress

prestement, quickly, nimbly

prestigieux, fascinating, imposing, renowned

prêt, ready, prepared

prétendre, to claim, assert, make out, intend

prêter, to lend; *prêter serment*, to take an oath

la **prévision**, expectation, anticipation

faire **prime**, *f.*, to take the lead, hold the first place

les **primeurs**, *f.*, early vegetables (or flowers or fruits)

le **primitif**, the primitive (artist of the period before the Renaissance)

printanier, springlike, vernal

le **printemps**, spring

la **privauté**, familiarity

le **privilégié**, the privileged, or favoured, person

le **prix** de Rome, prize awarded annually by the *Académie des beaux-arts*, enabling holder to study in Rome

le **procédé**, the proceeding, process

prochain, next, nearest

proche, near

promener, to take out, move about, cast; *se promener*, to take a walk

promis (*promettre*), promised

le **propos**, words, talk, gossip

propre, peculiar, characteristic, distinctive; *mon propre...*, my own...

propret, trim, spruce, tidy

le **propriétaire**, the landlord, landowner

le **proscrit**, the proscribed person, outlaw

provençal, of Provence

provenir de, to arise from, come originally from

la **prune**, the plum

le **pruneau**, the prune

la **Pucelle**, the Maid (of Orleans)

puissamment, powerfully

le **puits**, the well

pulluler, to pullulate, swarm, abound

la **purée**, the purée, mash; *une purée de marrons*, mashed chestnuts

le **quai**, the embankment, quay, platform

le **quartier**, the district, quarter,

part; *le quartier général*, headquarters

quelconque, any whatever, some...or other

la **queue**, the tail, cue, queue

Rabelais, François, 1495–1553, author of *Gargantua et Pantagruel*

Racan, Honorat de Bueil, marquis de, 1589–1670, poet

une **rafale**, a squall

railler, to rally, banter

rajeuni, rejuvenated, freshened, made to look young

se **ralentir**, to relent, flag, go slow

ramener, to bring back

la **rampe**, the banister - rail, flight of steps

ramper, to crawl

rançonner, to ransom, put to ransom

la **rancune**, rancour, spite, illwill

la **rangée**, the row

rapetasser, to patch, cobble

sous le **rapport** de, in the matter of; *en rapport*, in touch, in communion

à **ras** de, level with

raser, to raze to the ground, demolish; shave

se **rattacher** à, to be connected with, be of a type similar to, fall in the same category as

rauque, raucous, hoarse

ravir, to delight

le **rayon**, the ray; shelf

rébarbatif, unfriendly, forbidding, ill-grained

la **recette**, the recipe, prescription

la **recherche**, search, investigation, inquiry

le **recoin**, the nook

la **récolte**, the gathering in, harvest

reconstituer, to re-establish, form again

recouvrer, to recover, regain

recouvrir, to cover again, cover

recroquevillé, shrivelled

rectiligne, rectilineal

reçu (*recevoir*), received, admitted, recognised

reculé, remote

redoutable, redoubtable, formidable, terrible

se **refléter**, to be reflected

refluer, to flow back

la **Réforme**, the Reformation

refouler, to press back, drive back

refroidi, chill, unemotional

le **régal**, the entertainment, treat, feast

la **réglisse**, liquorice

régner, to reign, prevail

régulariser, to regulate

rejaillir, to gush out, rebound, reflect, shed

relever, to pick up, draw up; to reprehend, deprecate

relier, to bind, unite

le **reliquaire**, the reliquary, shrine

le **remaniement,** the alteration, transformation

remplir, to replenish, fill

remporter, to carry off, win

remuer, to move

se **rendre**, to betake oneself proceed, resort, journey

renfermer, to shut up, contain, comprise, embrace

renforcer, to reinforce, support

le **renseignement**, information

renverser, to overturn, throw down, blow down

réparer, to repair, make good

le **repos**, repose, rest; *de tout repos*, in which one can repose complete confidence

les **représailles**, *f.*, reprisals, retaliation

resplendissant, resplendent, gorgeous

se **ressaisir**, to recover oneself, re-enter into possession of one's soul

faire **ressortir**, to set off, illustrate

le **reste**, the remainder, rest; remains, relics

résumer, to summarise, sum up, embody

retentissant, resounding, notorious

le **retour**, the return, retribution, requital, vicissitude, reversion

la **retraite**, the retreat, retirement; *maison de retraite*, ' home,' asylum

se **retrancher**, to retrench, intrench oneself

le **retroussis**, part turned back (of hat or coat); *en retroussis*, against the current

la **réunion**, the meeting, union

la **réussite**, the issue, result, success, triumph

la **revanche**, the return match, revenge; *en revanche*, as a set-off, by way of compensation

le **rêve**, the dream; *de rêve*, ideal

revendiquer, to claim, lay claim to

rêver, to dream, ponder, long for

révolu, revolved, completed

faire **ribotte**, *f.*, to carouse

la **Riche-extra**, c.-à-d. l'église de Notre-Dame de la Riche, *extra muros*

Richelieu, Armand-Jean du Plessis, cardinal et duc de, 1585–1642, chief minister of Louis XIII

rider, to wrinkle, ruffle

les **rillettes**, *f.*, delicacy made from minced pork; *les rillons*, *m.*, similar dainty derived from the 'rendered' fat of pork or goose

le **rire**, laughter

la **rive**, the (river) bank

le **riverain**, the riverside dweller

la **rivière**, the tributary, river

le **rocher**, the rock

rocheux, rocky, stony

roman, Romanesque (architecture based on the Roman round arch and developing into the Gothic pointed arch)

le **romancier**, the novelist

romanesque, romantic

la **ronce**, the briar

de loin à la **ronde**, from a wide radius

Ronsard, Pierre de, 1522–85, poet, leader of the *Pléiade*

la **rosace**, the rose-window

rose, pink

rosé, rosy, pink

le **roseau**, the reed

le **rosier**, the rose-tree

rôtir, to roast

la **roue**, the wheel

Rousseau, Théodore, 1812–67, landscape painter

la **ruche**, the beehive; frill

la **ruelle**, the lane

le **ruisseau**, the stream

les **rutilances**, *f.*, colours of glowing red

rutilant, glowing red

le **sabbat**, midnight revel, uproar, racket

le **sable**, sand

saccager, to sack, pillage

le **sachet**, the small bag

saillir, to project, jut out

saint, holy

saisissant, striking, arresting

le **saisissement**, the thrill

salé, salted; piquant; excessive

la **salle à manger**, the dining-room

le **salon**, the drawing-room, circle

le **salpêtrier**, the manufacturer of gunpowder

salubre, salubrious, healthy

le **sanglier**, the wild-boar

le **sans-culotte**, the breechless one, revolutionary of 1789. (In caricatures of this period, the revolutionary is represented without nether garments)

la **santé**, health

Santerre, Antoine-Joseph, 1752–1809, brewer and revolutionary general

la **sapinière**, fir-wood; flat boat for transport of timber

la **sarcelle**, the teal

le **Sarrasin**, the Saracen

le **saule**, the sallow, willow

savant, learned, erudite, skilful, masterly

savoir, to know; *un je ne sais quoi*, an indefinable air

savoureux, savoury, delicious—in flavour or in general

la **sécheresse**, drought
secouer, to shake, shake off
séduire, to attract, fascinate
seigneurial, lordly, aristocratic
le **séjour**, the stay, sojourning place, home
selon, according to, following; *selon que*, according as
Semblançay, Jacques de Beaune, baron de, minister of finance under François I, hanged 1527
le **sens**, the sense, direction
sensible, sensitive, perceptible
sensiblement, perceptibly, visibly, obviously
la **sentine**, the sink, drain
sentir, to feel, smell
le **serment**, the oath
serpenter, to wind, meander
le **seuil**, the threshold, entrance
la **sève**, sap
sévir, to rage, be severe
seyant (*seoir*), becoming
le **siècle**, the century
signaler, to describe, mention, point out
le **silex**, flint
la **silhouette**, the silhouette, (dark) outline
le **sillon**, the furrow
sis (*seoir*), situated
le **soc**, the ploughshare
la **soie**, silk
la **soierie**, the silk-mill; silk trade; silk goods
le **sol**=*sou* (20 sous made up *la livre*)
le **sol**, soil, earth
le **soleil**, the sun; sunflower
la **solennité**, solemnity
solognot, of Sologne (district south of Orleans)
sommeiller, to slumber
le **sommet**, the summit
le **somnambule**, the sleepwalker
somnoler, to doze
somptueux, sumptuous, rich and costly
le **sorcier**, the sorcerer, wizard
Sorel, Agnès, 1409–50, friend of Charles VII

le **sort**, fate, lot, spell, charm
sortir, to go out; *au sortir*, on leaving
le **soudard**, the soldierman (old and now uncomplimentary form of *soldat*)
le **soufflet**, the bellows
le **souhait**, the wish; *à souhait*, perfect, adorable
soulever, to raise
la **souplesse**, suppleness, pliancy
sourire, to smile
le **souvenir**, the memory, recollection
spirituel, witty, intelligent, clever
Staël, Madame de (née Germaine Necker), 1766–1817, authoress of *Corinne*, etc.
la **stalle**, the stall (of canon or cow)
la **strophe**, the verse
subir, to undergo, submit to, fall under
la **succursale**, the branch (establishment)
la **Suisse**, Switzerland
la **suite**, the succession, continuation
suivre, to follow
la **superficie**, the surface, area
le **surcroît**, the addition, increase; *par surcroît*, in addition, to boot
surgir, to rise, spring up
surtout, above all
survivre, to survive
susciter, to raise, create
le **suzerain**, the overlord
svelte, slim, lissom
le **sybarite**, the sybarite (luxurious person, a reflection on the ancient inhabitants of Sybaris in south Italy)
la **sylve**, woodlands, greenwood
la **synthèse**, the synthesis, grouping together, combination

le **tableau**, the picture
la **tâche**, the task, job
tacher, to stain, spot, patch
tâcher, to try
le **taffetas**, taffeta (glossy silk fabric)

LEXIQUE 117

tailler, to cut, sharpen
le **tailleur**, the cutter, tailor
Tallemand des Réaux, Gédéon, 1619–92, author of *Historiettes*
Talleyrand, Charles-Maurice de, 1754–1838, bishop, politician, ambassador
le **talus**, the mound, sloping bank, embankment
la **tanière**, the lair, den
la **tannerie**, the tannery
en **tapinois**, in secret
le **tapissier**, the maker of tapestry, upholsterer
tard, late, slow
Tasse, Torquato, called *le Tasse*, Italian poet, 1544–95, author of *Jerusalem delivered*
la **taupe**, the mole
le **teint** (face-tint), complexion
la **teinte**, the tint
témoigner, to testify, give evidence of, show
le **témoin**, the witness
tenace, tenacious, persistent
ténébreux, dark, obscure
tenir à, to insist upon, be eager to; *tenir tête à*, to withstand, cope with
la **tentation**, temptation
la **tentative**, the attempt, endeavour
tenter, to attempt, venture, tempt
le **terme**, the limit, period, term, end; *venir à terme*, to reach maturity
la **terrasse**, the terrace, flat roof
la **terre cuite**, terra cotta
le **terrier**, the burrow
le **terroir**, the soil, native land
Theuriet, André, 1833–1907, novelist and critic
Thierry, Augustin, 1795–1856, historian, author of *Récits des temps mérovingiens*
le **tic-tac**, the ticking
tiède, tepid, lukewarm, rather warm
tiédir, to become tepid, less cold
le **tiers**, the third, third part

le **tilleul**, the lime-tree
le **timon**, the pole (of cart); helm (of boat)
la **tirade**, the tirade, impassioned speech
la **tireuse de cartes**, the fortune teller
titanesque, titanic, gigantic
Tite-Live, 59 av. J.-C.— 19 ap. J.-C., Livy, Roman historian
le **titre**, the title; *à aucun titre*, in no sort of way; *à ce titre*, on this score, on this ground; *à plus juste titre*, more accurately
le **toit**, the roof
la **toiture**, the roofing, roofs
tombal, recumbent (on a tomb)
le **tombeau**, the tomb
la **tonalité**, tonality, tone
avoir **tort**, m., to be wrong
tortisse, tortuous, gnarled, full of twists
tortueux, winding
touffu, tufted, bushy, leafy
le **tour**, the turn, trick
la **tour**, the tower
tourangeau, of Touraine
la **tourelle**, the turret
la **tourmente**, the tempest, commotion, upheaval
toutefois, yet, however
traîner, to drag, drag out, draw
la **tranchée**, the trench, cutting
trancher, to cut, decide, clash
trapu, thickset, squat
à **travers**, through, across
la **tribu**, the tribe
le **tribun**, the tribune, popular champion
tricoter, to knit
Tristan Lermite, minister under Charles VII and Louis XI
le **troglodyte**, the cave-dweller
le **troupeau**, the herd
la **trouvaille**, the find, discovery, conception
la **truffe**, the truffle (mushroom grown underground)
le **tuf**, tufa (volcanic rock)
tuffeau, tufaceous (of cellular texture)

la **tuile**, the tile

la **turcie**, the dyke

les **Turons,** the Turones (Gallic tribe)

le **tuyautage**, gauffering, fluting

le **tympan,** the tympanum (triangular space above pediment)

typique, typical, characteristic

unique, unique, sole, only

une **usine,** a factory

la **vague,** the wave

valoir, to be worth, yield, bring in, be good for

les **Valois,** royal house of France, 1328–1498—from *Philippe VI* to *Charles VIII*

la **vanne,** the sluice-gate

vaseux, slimy

le **veau,** the calf; veal

à la **veillée,** at nightfall, in the dusk

veiller, to watch, be awake

le **vélin,** vellum

le **velours,** velvet

la **vendange,** the grape-harvest

la **Vendée,** district south of Nantes; *les Vendéens,* insurgents against the Revolutionary government, 1793–1800

le **veneur,** the huntsman

la **vente,** the sale

le **verger,** the orchard

le **verrier,** the manufacturer of glass

la **verrière,** the stained glass window

le **vêtement,** the garment

vétuste, time-worn

vide, void, empty

le **vieillard,** the old man, veteran

la **Vierge,** the Virgin Mary

vif, keen, brisk; glaring

le **vigneron,** the vinegrower

Vigny, Alfred. de, 1797–1863, poet, novelist and dramatist, author of *Stello*, *Chatterton*, etc.

Vinci, Léonard de, 1452–1519, Italian painter, sculptor and scholar

vivace, long - lived, deep-rooted

vivant, living, lively, animated

la **voie,** the way, road, thoroughfare

la **voile,** the sail

voire, even, nay even

le **vol,** the flight; flock (of birds)

volage, flighty, fickle

volontiers, willingly, with pleasure

voluptueux, voluptuous, pleasure-loving

la **voûte,** the vault, vaulting, arch

la **vraisemblance,** verisimilitude, probability

le **Wisigoth,** the Visigoth (Goths of the West)

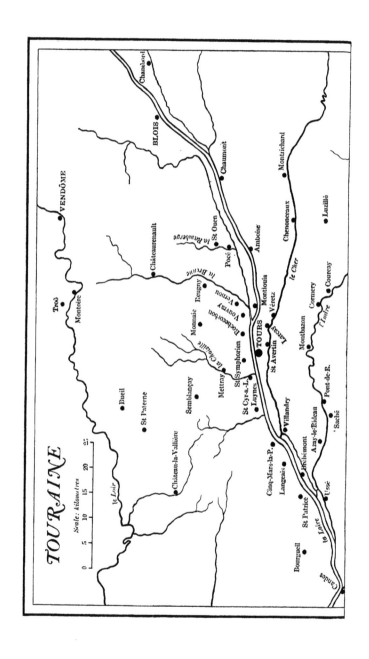

TOURAINE

Scale: kilometres

0   5   10   15   20   25

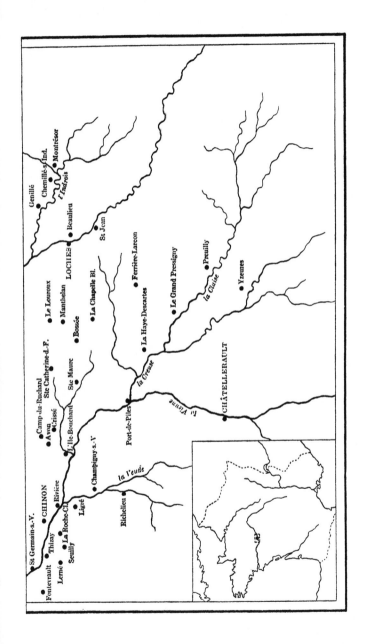

For EU product safety concerns, contact us at Calle de José Abascal, 56–1°, 28003 Madrid, Spain or eugpsr@cambridge.org.

www.ingramcontent.com/pod-product-compliance
Ingram Content Group UK Ltd.
Pitfield, Milton Keynes, MK11 3LW, UK
UKHW020313140625
459647UK00018B/1855